KB053302

일상생활 영어 여행 회화 365

TRAVEL ENGLISH

Common Expressions

영어를 조금이라도 알면 낯선 해외에서의 여행은 더욱 즐겁습니다. 영어로 인사말 정도만 알아도 상대는 미소를 띠며 대화에 응해줄 것입니다. 우선 여행을 가기 전에 여기에 있는 짧고 간단한 영어 표현을 반드시 암기해 두십시오. 그리고 용기를 내어 말을 걸어 보십시오. 분명 해외여행은 한층 멋진 추억을 당신에게 만들어 줄 것입니다.

★ **안녕하세요. (아침)**	Good morning. 굿 모닝
★ **안녕하세요. (낮)**	Good afternoon. 굿 앱터눈
★ **안녕하세요. (밤)**	Good evening. 굿 이브닝
★ **안녕히 가(계)세요.**	Good bye. / Bye. 굿바이 / 바이
★ **안녕히 주무세요.**	Good night. 굿 나잇
★ **또 만납시다.**	See you again. 씨 유 어게인
★ **감사합니다.**	Thank you. 땡큐

★ 천만에요.	You are welcome. 유어 웰컴
★ 예. / 아니오.	Yes. / No. 예스 / 노
★ 미안합니다.	I'm sorry. 아임 쏘리
★ 실례합니다.	Excuse me. 익스큐즈 미
★ 처음 뵙겠습니다.	Nice to meet you. 나이스 투 미츄
★ 저는 한국사람입니다.	I'm Korean. 아임 코리언
★ 영어를 못합니다.	I can't speak English. 아이 캔 스픽 잉글리쉬
★ 이걸 주세요.	I'll take this one. 아일 테익 디쓰 원
★ ~은 어디입니까?	Where is~? 웨어리즈~
★ 얼마입니까?	How much? 하우 머취

일상생활 영어 여행회화 365

저 자 이원준
발행인 고본화
발 행 탑메이드북
교재 제작·공급처 반석출판사
2024년 9월 20일 개정 7쇄 인쇄
2024년 9월 25일 개정 7쇄 발행
반석출판사 | www.bansok.co.kr
이메일 | bansok@bansok.co.kr
블로그 | blog.naver.com/bansokbooks

07547 서울시 강서구 양천로 583, B동 1007호
(서울시 강서구 염창동 240-21번지 우림블루나인 비즈니스센터 B동 1007호)
대표전화 02) 2093-3399 **팩 스** 02) 2093-3393
출 판 부 02) 2093-3395 **영업부** 02) 2093-3396
등록번호 제315-2008-000033호

ISBN 978-89-7172-956-4 (13740)

무조건
따라하면
통하는
일상생활
영어
여행
회화
365

머리말

단체로 해외여행을 가면 현지 사정에 밝은 가이드가 안내와 통역을 해주기 때문에 말이 통하지 않아 생기는 불편함은 별로 없습니다. 하지만, 외국인을 직접 만나서 대화를 하거나 물건을 구입할 때에는 회화가 절대적으로 필요하며, 여행지에서의 원활한 의사소통은 여행을 한층 즐겁게 해줄 것입니다. 이 책은 여행자의 필수 휴대품이 될 수 있도록 크게 두 가지로 분류하였습니다.

여행 영어를 위한 워밍업: 여행지에서 빈번하게 쓸 수 있는 표현으로 영어 발음에서 인사, 응답, 질문, 감사, 사과 표현 등으로 꾸며져 있으며, 해외여행자라면 반드시 익혀두어야 할 기본회화입니다.

장면별 회화: 출입국부터 숙박, 식사, 교통, 관광, 쇼핑, 방문 · 전화 · 우편, 트러블, 귀국까지 여행자가 부딪칠 수 있는 상황을 여행 순서에 맞게 설정하였습니다.

일러두기

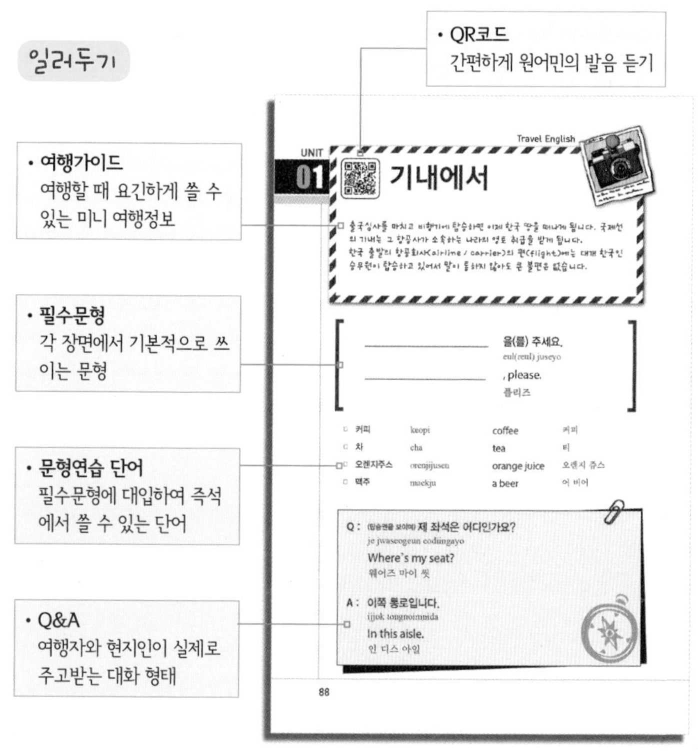

이 책의 특징

❶ 해외로 여행, 출장, 방문을 할 때 현지에서 유용하게 사용할 수 있도록 간단한 회화만을 엄선하여 사전식으로 구성하였습니다.

❷ 영어를 잘 모르더라도 즉석에서 활용이 가능하도록 우리말을 먼저 두고 발음은 가능한 한 원음에 충실하도록 한글로 표기하였습니다.

❸ 외국인이 한국에 와서 여행할 때 이 책을 유용하게 활용할 수 있을 뿐만 아니라 기회가 생길 때 해외에서 현지인에게 우리말을 가르쳐줄 수 있도록 한글 발음을 로마자로 표기하였습니다.

❹ 각 장면별로 현지에서 필요한 여행정보를 두어 여행가이드의 역할을 충분히 할 수 있도록 배려하였습니다.

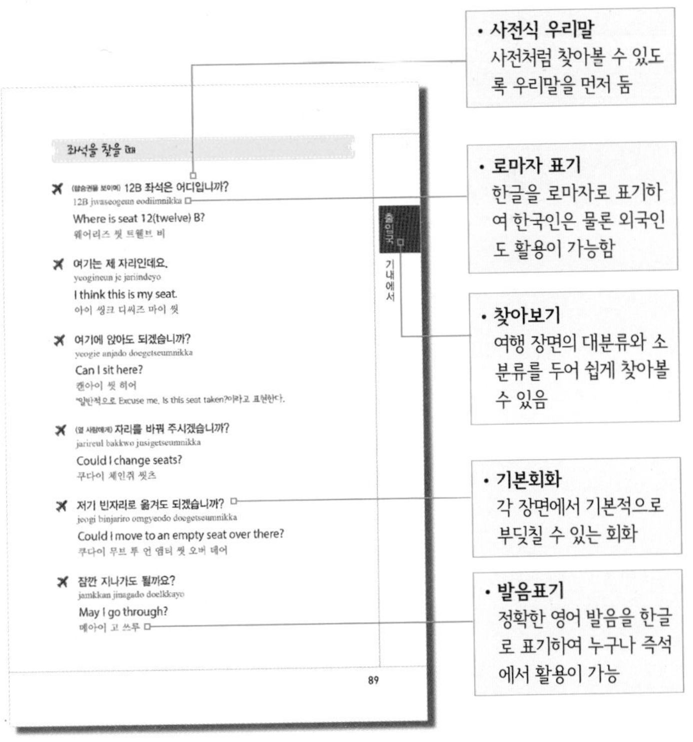

좌석을 찾을 때

(탑승권을 보이며) 12B 좌석은 어디입니까?
12B jwaseogeun eodiimnikka
Where is seat 12(twelve) B?
웨어리즈 씻 트웰브 비

여기는 제 자리인데요.
yeogineun je jariindeyo
I think this is my seat.
아이 씽크 디씨즈 마이 씻

여기에 앉아도 되겠습니까?
yeogie anjado doegetseumnikka
Can I sit here?
캔아이 씻 히어
*일반적으로 Excuse me, Is this seat taken?이라고 표현한다.

(옆 사람에게) 자리를 바꿔 주시겠습니까?
jarireul bakkwo jusigetseumnikka
Could I change seats?
쿠다이 체인쥐 씻츠

저기 빈자리로 옮겨도 되겠습니까?
jeogi binjariro omgyeodo doegetseumnikka
Could I move to an empty seat over there?
쿠다이 무브 투 언 엠티 씻 오버 데어

잠깐 지나가도 될까요?
jamkkan jinagado doelkkayo
May I go through?
메아이 고 쓰루

출입국

기내에서

89

Contents

해외 대표 관광지

미국 지역
유럽 지역
오세아니아 지역
아시아 지역

미국 지역

SQUAD CARS
BUD LIGHT
THE DIFFERENCE IS
DRINKABILITY
Panasonic
YAHOO!
at&t

1. 그랜드캐니언(Grand Canyon)

애리조나 주 북부 고원지대를 흐르는 콜로라도 강에 의해서 깎인 거대한 계곡이다. 계곡의 거의 모든 지역이 국립공원으로 지정되어 있으며, 인디언 부족의 땅에 속한 지역도 상당 부분을 차지한다. 강을 따라 고무보트 배를 타고 캐니언을 통과할 경우 2주일 이상의 시간이 소요되는 것을 보면 계곡의 규모를 짐작할 수 있다. 콜로라도 강에 의해서 깎인 계곡의 깊이는 1,600m에 이르고 계곡의 폭은 넓은 곳이 30km에 이른다. 이는 약 20억 년의 지각활동의 결과라고 한다. 미국의 제29대 대통령 시어도어 루스벨트의 노력으로 1908년에 내셔널 모뉴먼트(National Monument)로 지정되었고 1919년에 국립공원으로 승격되었다. 1979년에는 유네스코 세계유산으로 지정되었다. 미국을 찾는 관광객들이 가장 많이 들르는 곳 중 하나이다.

2. 월트 디즈니 월드 리조트(Walt Disney World Resort)

플로리다 주 올랜도에 위치한 세계에서 가장 큰 테마파크이다. 4개의 테마파크, 2개의 워터파크, 32개의 테마호텔 및 리조트, 그리고 다수의 쇼핑, 식사 및 엔터테인먼트 지역으로 이루어져 있다. 4개의 테마파크는 매직 킹덤(1971년 10월 1일 개장), 엡캇(1982년 10월 1일 개장), 디즈니 할리우드 스튜디오(1989년 5월 1일 개장), 그리고 디즈니 애니멀 킹덤(1998년 4월 22일 개장)이다. 친근한 디즈니의 캐릭터와 공간이 재연되어 있는 디즈니 월드는 남녀노소 할 것 없이 많은 사람들의 사랑을 받고 있는 관광지이다. 캘리포니아 주 애너하임에는 1955년에 처음 개장한 디즈니랜드 파크가 있으며, 현재 미국에 6개, 일본에 2개, 프랑스에 2개, 홍콩에 1개의 디즈니랜드가 있다.

3. 라스베이거스(Las Vegas)

네바다 주 남동부 사막 가운데에 있는 도시이다. 전 세계에서 많이 알려진 도시 가운데 하나로, 카지노가 많아 관광과 도박의 도시로 불린다. 1905년 5월 15일 사막 위에 세워졌고, 6년 뒤에 도시로 정식 등록되었다. 미국에서 애틀랜틱 시티와 함께 도박이 허용된 도시이다. 카지노 말고도 분수쇼, 화산쇼, 서커스쇼 등 다양한 쇼들이 펼쳐지는 세계에서 가장 화려한 도시이다.

4. 뉴욕 시(New York City)

미국의 북동부, 뉴욕 주의 남쪽 끝에 있는 도시이다. 미국에서 인구가 가장 많은 도시이며, 상업, 금융, 미디어, 예술, 패션, 연구, 기술, 교육, 엔터테인먼트 등 많은 분야에 걸쳐 큰 영향을 끼치고 있다. 연간 5천만 명의 관광객이 방문하는 대표적인 관광도시이기도 하다. 대표적인 명소로는 5번가, 자유의 여신상, 자연사 박물관, 타임스 스퀘어 등이 있다. 또한 엠파이어 스테이트 빌딩, 록펠러 센터 등 수많은 고층 빌딩과 센트럴 파크, 브루클린 다리 등도 뉴욕의 많은 볼거리 중 하나이다.

5. 나이아가라 폭포(Niagara Falls)

뉴욕 주 나이아가라 폴스와 캐나다 온타리오 주 나이아가라 폴스의 국경을 이루는 나이아가라 강의 대폭포로, 두 개의 대형 폭포, 하나의 소형 폭포로 나뉜다. 이는 염소 섬(Goat Island)을 기준으로 캐나다령의 캐나다 폭포(말발굽 폭포, Horseshoe Falls)와 미국령의 미국 폭포(American

Falls)로 구별된다. 소형 폭포인 브라이달 베일 폭포(Bridal Veil Falls)는 미국 영토에 있다. 폭포로 인해 주변은 항상 안개가 껴 있으며, 미국 쪽보다는 캐나다 쪽의 전망이 더 좋은 것으로 알려져 있다. 캐나다 쪽 나이아가라 폭포는 높이가 53m이고 폭포의 절벽면이 깊이 파인 커브를 이루고 있어 그 길이가 790m에 이른다. 1820년도에 들어서 증기선의 운항이 시작되고 1840년도에 철도가 설치됨에 따라 관광객들이 이 지역을 방문할 수 있게 되었다. 나이아가라에서의 다이빙은 법으로 금지되어 있다.

6. 하와이(Hawaii)

태평양의 하와이 제도에 위치해 있다. 본래는 폴리네시아 민족의 땅으로 여왕이 다스린 왕국이었으나, 사탕수수 상인과 군대를 앞세운 미국의 식민지가 되었고, 1959년 미국의 50번째 주로 편입되었다. 본토에서 3700km 떨어져 있는 해외(海外) 주이며, 미국의 최남단 주이다(미국의 최북단은 알래스카 주). 하와이 섬, 마우이 섬, 오아후 섬, 카우아이 섬, 몰로카이 섬 등의 주요 8개의 섬과 100개 이상의 작은 섬으로 구성되어 있다. 총 면적은 대한민국의 3분의 1 정도인 28311㎢이다. 미국의 대표적인 관광지로, 오아후 와이키키의 아름다운 해변과 전통 춤 등이 손꼽히는 볼거리이다.

7. 옐로스톤 국립공원 (Yellowstone National Park)

와이오밍 주 북서부, 몬태나 주 남부와 아이다호 주 동부에 걸쳐 있는 미국 최대, 최고의 국립공원으로 89만

9000ha의 거대한 면적을 자랑한다. 황 성분이 포함된 물로 인해 바위가 누래서 옐로스톤이라는 이름이 붙었다. 이곳에는 뜨거운 지하수를 하늘 높이 내뿜는 많은 수의 간헐천을 비롯한 여러 종류의 온천들이 1만여 개나 있으며, 그중에서도 올드페이스풀(Old Faithful) 간헐천이 가장 유명하다. 간헐천뿐 아니라 강, 호수, 산, 숲, 협곡, 폭포 등 다양한 경관을 감상할 수 있는 자연의 보고이다. 또한 대초원에는 다양한 야생동물들이 보호되고 있다.

8. 러시모어 산(Mount Rushmore)

사우스 다코타 주와 와이오밍 주에 걸쳐 있는 블랙힐스라는 산악군이 대평원 속에 우뚝 솟아 있는데 러시모어 산은 그중 하나이다. 러시모어 산에는 4명의 위대한 미국 대통령의 얼굴이 조각되어 있다. 러시모어 산에 새겨져 있는 대통령은 미국 초대 대통령으로 민주국가의 탄생을 위하여 헌신한 조지 워싱턴, 미국의 독립선언문을 기안하고 루이지애나 지역을 구입해 국토를 넓힌 토머스 제퍼슨, 남북전쟁 당시 북군의 승리로 미연방을 살리고 노예 해방을 주도한 에이브러햄 링컨, 그리고 파나마운하 구축 등으로 미국의 위치를 세계적으로 올려놓은 시어도어 루즈벨트 등 네 명이다. 조각할 당시엔 다이너마이트로 깎아 내어 못과 망치로 다듬질을 하여 만들었다고 한다. 러시모어 조각상은 크기가 어마어마한 만큼 무려 14년(1927년~1941년)이란 긴 시간에 걸쳐 만들어졌다.

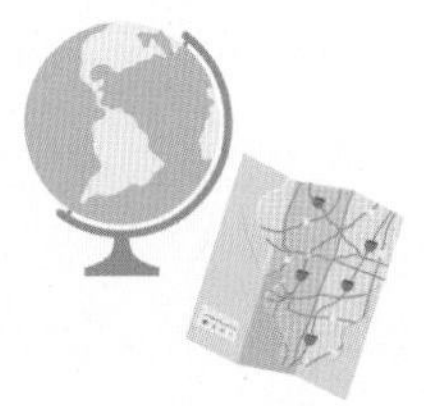

유럽 지역

1. 이탈리아의 로마(Rome)

이탈리아의 수도이다. 한때 서양 문명을 대표했던 로마제국의 수도였고, 가톨릭의 중심지였기 때문에 도시 전체가 관광지라고 해도 과언이 아니다. 특히 역사적으로 유서 깊은 지역은 대부분이 테베레 강가의 동쪽에 위치해 있으며, 로마시대의 영광의 흔적인 기념석조물의 대부분도 이 지역에 있다. 검투사들이 대결을 벌이던 콜로세움, 동전을 던져 넣으며 소원을 비는 세계에서 가장 유명한 분수인 트레비 분수, 이탈리아 통일을 기념하여 만들어진 베네치아 광장, 로마시대에 전차 경기장으로 사용되었던 나보나 광장 등 어디를 가도 아름다운 명소들이 가득한 도시이다. 특이한 점은, 로마 북서부에 바티칸시국이라는 교황국이 존재하는데, 로마 안에 있으며 역사적으로 로마와 밀접한 관계가 있지만 엄연한 독립국이다. 바티칸시국에 있는 시스티나 성당에는 '천지창조'를 비롯하여 미켈란젤로가 그린 9장의 천장벽화가 있어 많은 관광객들의 눈길을 사로잡고 있다.

2. 프랑스의 파리(Paris)

프랑스의 수도이자 정치, 경제, 문화 등의 중심이다. '예술의 도시'로 불리는 만큼 그 문화적 영향을 세계에 지속적으로 끼치고 있으며, 매년 약 4,500만 명의 관광객이 방문하는 세계 최고의 관광 도시 중 하나이다. 주요 관광 자원으로는 역사적인 건축물, 수많은 유명한 미술품, 명품으로 대표되는 패션과 음식 등이다. 세계 3대 박물관 중 하나로 꼽히는 루브르 박물관 역시 파리에 있는데 전쟁을 통해 얻은 전리품이나 구입하여 수집한 세계적인 소장물들이 많이 전시되어 있다. 파리에는 미술품들이 대부분 세 개의 미술관에 소장되어 있다. 1848년 이전의 작품

은 루브르 박물관, 1848~1914년 작품은 오르세 미술관, 그 이후 작품은 퐁피두 센터에서 볼 수 있다. 즉, 레오나르도 다빈치의 모나리자는 루브르 박물관에서 볼 수 있으며, 빈센트 반 고흐, 폴 고갱 등의 19세기 인상파 화가들의 작품은 오르세 미술관에서 볼 수 있는 것이다. 그 외에도 너무나도 유명한 에펠탑 또한 파리에 있으며, 파리에서 남서쪽으로 조금 더 가면 베르사유 궁전이 있어 바로크 양식 건축의 진수를 맛볼 수 있다.

3. 스위스와 이탈리아의 마터호른 산(Matterhorn)

스위스와 이탈리아의 국경에 있는, 알프스 산맥에 있는 산이다. 스위스 쪽의 조망이 수려한 것으로 알려져 스위스의 체르마트 마을이 주로 베이스캠프가 된다. 마터호른 산은 체르마트 마을에서 남쪽으로 10km 정도 떨어져 있다. 산의 높이는 4,478m인데 중간까지는 철도가 놓여 있고, 케이블카를 이용하면 유럽에서 가장 높은 전망대인 클라인마터호른(3,883m)까지 올라갈 수 있다. 만년설이 덮여 있어 1년 내내 스키나 보드를 탈 수 있다. 공기가 좋고 경관이 아름다워 세계에서 손꼽히는 절경의 산으로 불린다. 피라미드처럼 네 방향의 경사면으로 이루어져 있는 것이 또 하나의 특징이다.

4. 에스파냐의 바르셀로나(Barcelona)

에스파냐 카탈루냐 지방의 제1도시이다. 유명한 건축가인 안토니 가우디의 작품이 도시 곳곳에 있어 도시 자체가 한 편의 건축 작품 같은 느낌이다. 특히 유명한 것은 사그라다 파밀리아 성당으로, 1882년에 건설이 시작되어 아직까지도 공사가 진행 중이다. 곡선을 잘 활용한 가우디의 작품다운 외관을 자랑하며 내부 구조까지도 섬세하게 조각된 가우디 최고의 역작이라 할 수 있다. 카사 밀라, 카사 바트요, 카사

비센스, 구엘 저택, 구엘 공원 등이 바르셀로나에서 볼 수 있는 가우디의 건축물이다. 이외에 도시 전경을 감상할 수 있으며 밤에 화려한 레이저 분수쇼가 벌어지는 몬주익 언덕, 세계적으로 유명한 축구 클럽인 FC 바르셀로나의 홈구장 캄프 누 역시 인기가 많은 명소이다.

5. 그리스의 파르테논 신전(Parthenon)

고대 아테네의 수호자로 여겨지던 아테나 여신에 봉헌된 신전이다. 기원전 5세기에 아테네의 아크로폴리스에 건설되었다. 파르테논 신전은 고대 그리스와 아테네 민주정치의 오랜 상징이다. 이것은 고대 그리스 건축물의 기둥 양식의 최고봉이며 신전의 장식 조각 역시 그리스 예술의 정수로 여겨진다. 동일한 기둥의 간격이나 직선인 듯 보이지만 곡선과 곡면으로 건축된 건물의 외관이 주는 안정감은 보는 사람에게 장중함을 느끼게 하였으며, 파르테논 신전은 오랫동안 서구 건물의 원형처럼 인식되었다. 하지만 전쟁과 약탈 등에 노출되면서 원형 그대로의 아름다움을 누리지 못하는 안타까움이 있다. 현재 그리스 정부는 파르테논 신전의 보호와 복원, 수리 작업에 힘을 기울이고 있다.

6. 영국의 런던(London)

잉글랜드의 수도이자 유럽에서 가장 인구가 많은 도시이고, 세계에서 관광객들이 가장 많이 찾는 도시 중 하나이기도 하다. 영국이 아직까지 왕정이 유지되고 있는 국가인 만큼, 버킹엄 궁전은 현재도 사용되는 궁전으로서 들러볼 가치가 있다. 매년 왕실 가족이 하계휴가를 떠나는 기간에만 일반인 입장이 가능하다. 세계에서 소장품의 규모가 가장 큰 박물관으로 알려진 대영 박물관은 대영제국이 세계 각국에서 수탈한 전리품들이 다수 진열되어 있다. 세계적으로 가치 있고 유명한 유물들을 관람할 수 있다는 점에서 명소로 꼽히고 있다. 또한 세계의 시간의 중심이 되는 그리니치 천문대, 유명한 시계탑인 빅 벤을 볼 수 있는 국회의사당, 세계에서 두 번째로 큰 성당인 세인트 폴 대성당, 영국의 왕들과 위인들이 잠들어 있으며 많은 왕실 행사가 치러지는 웨스트민스터 사원 또한 가 보아야 할 관광지이다. 런던에는 거의 매주 축제가 열린다. 노팅힐, 템스 강, 불꽃 등 종류도 매우 다양하다.

7. 영국의 스톤헨지(Stonehenge)

잉글랜드 런던에서 남서부 쪽으로 조금 떨어진 곳에 있는 윌트셔 주의 솔즈베리 평원에 위치한 선사 시대의 거석 유적지이다. 드넓은 평원에 무게 50톤에 달하는 거대 석상이 80여 개가 세워져 있는데 주변에는 이 석상에 사용된 돌이 전혀 없다. 조사를 해보니 스톤헨시에서 몇십~몇백 킬로미터는 떨어져 있는 곳에 있는 돌이라고 한다. 고대인들이 몇십 톤에 달하는 석재들을 어떻게

이동시켰을까, 그리고 누가 언제 그것을 만들었을까, 그리고 왜 만들었을까? 스톤헨지에 관련된 수많은 질문들이 해결되지 않고 있다. 그럼에도 불구하고 거대한 석상들이 평원에 모여 있는 그 광경 자체만으로도 충분히 볼만한 가치가 있다. 스톤헨지에서 북쪽으로 30km 정도 떨어진 에이브베리에는 스톤헨지보다 더 오래되고 더 큰 규모의 거석 유적지가 있으므로 두 군데를 모두 들러보는 것도 좋을 듯하다.

8. 이탈리아의 피사의 사탑(Leaning Tower of Pisa)

이탈리아 서부 토스카나 주의 피사에 있는 피사 대성당의 종루(鐘樓)이다. 기울어진 탑으로 유명하다. 탑의 높이는 지상으로부터 55m, 계단은 297개이며, 무게는 14,453톤이다. 탑의 한쪽 지반이 가라앉으면서 탑이 기울기 시작하여 오랜 기간 동안 탑을 세우거나 기울기를 멈추게 하기 위해 공사가 이루어졌지만 탑은 멈추지 않고 계속 기울었다. 현대에 와서 10년이 넘는 보수 공사를 거친 끝에 탑은 더 이상 기울지 않는다. 현재 기울기의 각도는 약 5.5도이며 붕괴의 위험을 막기 위해 입장객 수를 제한하고 있다. 사탑 안으로 들어가기 위해서는 예약이 필요하다. 이 피사의 사탑과 성당, 세례당, 납골당이 함께 있는 피사 두오모 광장은 유네스코 세계문화유산으로 지정되었다.

오세아니아 지역

1. 오스트레일리아의 시드니(Sydney)

오스트레일리아 동쪽에 있는, 오세아니아에서 가장 큰 도시이다. 오스트레일리아의 대표적인 도시로, 수도인 캔버라보다도 유명할 정도이다. 오세아니아는 북반구인 한국과 계절이 반대이기 때문에 11월~2월에 여행하기 좋은 곳이다. 시드니의 대표적인 명소 하면 아무래도 오페라하우스를 꼽을 수 있다. 1,500석 이상의 오페라 극장과 2,600석 이상의 음악당을 비롯한 여러 개의 극장, 전시관, 도서관 등이 있는데 규모도 매우 크지만 오페라하우스를 세계적인 관광지로 만든 것은 아름다운 지붕이 보이는 외관이다. 건물의 디자인은 국제 공모전의 우승자인 덴마크 건축가 이외른 우촌이 고안한 것으로, 지붕은 돛과 조가비 모양을 연상시킨다. 오랜 공사 끝에 완성된 오페라하우스는 거의 날마다 공연이 열리는 세계 최대의 공연장이자 공연에 관심이 없는 사람들도 시드니에 들르면 반드시 찾는 명소가 되었다.

오페라하우스와 인접한 곳에는 세계에서 네 번째로 길고 첫 번째로 넓은 철제 아치교인 하버 브리지가 있다. 하버 브리지 전망대에 올라가면 시드니 전경을 한눈에 볼 수 있다. 시드니의 북쪽에 있는 타롱가 동물원은 코알라, 캥거루, 오리너구리 등 오스트레일리아에서만 볼 수 있는 동물들뿐 아니라 세계 각지의 동물을 한꺼번에 볼 수 있는 거대한 규모의 동물원이다.

2. 오스트레일리아의 그레이트배리어리프(Great Barrier Reef)

오스트레일리아의 북동 퀸즐랜드 주의 해안을 따라 발달한 세계 최대 산호초지대이다. 산호초 대부분이 바다에 잠겨 있고, 일부가 바다 위로 나와 방파제와 같은 외관을 형성한다. 산호 400여 종, 어류 1,500여 종, 연체동물 4,000여 종 등 매우 다양한 생물이 서식하고 있다. 또한 멸종 위기에 처한 초록거북, 듀공 등의 해양생물을 볼 수 있는, 과학적·생물학적으로도 의미를 가지는 곳이다. 유네스코 세계자연유산으로 지정된 아름다운 경관을 자랑한다.

3. 뉴질랜드의 북섬(North Island)

뉴질랜드는 북섬과 남섬, 그리고 기타 여러 작은 섬으로 이루어졌다. 그중 북섬의 관광 명소를 몇 개 소개하자면, 우선 통가리로 국립공원은 아름다운 자연과 뉴질랜드 원주민인 마오리족의 역사가 결합한 명소이다. 유네스코가 선정한 최초의 자연과 문화의 복합유산이다. 화산인 루아페후 산, 나우루호에 산, 통가리로 산은 에메랄드 색으로 빛나는 화산 호수가 있다. 이 산을 종주하는 코스는 통가리로 크로싱이라고 하며 인기가 높다.

와이토모 동굴은 석회암 동굴로 많은 종유석과 석순이 있으며, 동굴 아래 냇물이 흐르고 있어 배를 타고 관광할 수 있다. 동굴 안 어두운 곳 천장에 가면 수많은 반딧불이가 은하수처럼 빛나고 있는 장관을 볼 수 있다.

북섬의 대표 도시인 오클랜드에는 스카이타워가 있는데 높이가 무려 328m로, 세계에서 다섯 번째로 높은 탑이다. 오클랜드의 전경을 볼 수 있으며 다양한 먹거리와 즐길거리들이 입점해 있는 오클랜드의 대표 건물이다. 그밖에도 북섬은 여러 화산이나 온천, 호수, 폭포, 동굴 등이 있어 다양한 자연경관들을 여유롭게 관광하기에 좋다.

4. 뉴질랜드의 남섬(South Island)

남섬은 북섬보다 면적이 크지만 인구는 더 적다. 그만큼 자연이 잘 보존되어 있고, 워킹이나 트래킹같이 좀 더 자유로운 여행이 가능하다. 남섬의 대표 도시로는 크라이스트처치와 퀸스타운 등이 있다. 크라이스트처치는 남섬에서 인구가 가장 많고, 현대적인 문화와 전통적인 문화가 잘 어우러져 있으며 크라이스트처치 식물원과 해글리 공원 등 아름다운 공원이 많아 '정원 도시'라 불린다. 이곳에서 조금 더 가면 고래를 체험할 수 있는 카이코우라, 온천으로 유명한 핸머 스프링스 등에도 갈 수 있다. 퀸스타운은 다양한 레저활동이 가능하다. 여름에는 번지점프, 패러글라이딩, 제트보트 등을, 겨울에는 스키, 스노보드 등을 즐길 수 있다. 퀸스타운에서 몇 시간 정도 차로 이동하면 밀퍼드 사운드가 나온나. 빙하의 침식으로 생긴 지형인 피오르가 북유럽뿐 아니라 남반구, 이 밀퍼드 사운드에도 가득하다. 자연이 만들어낸 절경을 감상하기에 더없이 좋다.

아시아 지역

1. 태국의 방콕(Bangkok)

태국의 수도인 방콕은 동남아의 대표적인 관광지이자 세계적으로도 인기 많은 명소이다. 방콕의 대표적인 볼거리는 방콕 왕궁이다. 1782년 차끄리 왕조가 들어서면서 지어진 왕궁으로, 태국 문화의 진수를 느낄 수 있다. 여러 차례 확장되어 현재 면적은 약 218,000㎡이며 약 1,900m에 달하는 성벽으로 둘러싸여 있다. 높이 솟은 궁전과 누각, 사원들은 모두 금박 잎새, 자기, 유리로 휘황찬란하게 장식되어 있어 화려함의 극치를 보여준다. 궁 내에 있는 왕실 전용 사원인 왓 프라깨오는 에메랄드 사원으로도 알려져 있다. 사원에 모셔져 있는 에메랄드 부처 때문에 붙은 별명이다. 또한 근처에 왓 포, 왓 아룬 등 많은 사원들이 있어 도시 어디를 가나 불교문화를 보고 느낄 수 있다.

방콕 하면 빼놓을 수 없는 것이 음식이다. 많은 사람들에게 사랑받고 있는 태국 음식을 포함하여, 세계 각국의 음식들을 경험할 수 있는 도시가 바로 방콕이다. 또한 음식만큼이나 유명한 태국 마사지 또한 방콕에서 체험할 만한 것이다. 방콕은 홍콩, 싱가포르와 함께 동남아 최고의 쇼핑지 중 하나이기도 하다. 저렴하고 흥미진진한 가게들이 모여 있는 카오산 로드는 저렴한 숙소와 다양한 음식들이 많아 여행자들의 성지라고 불리기도 한다. 또한 시암 파라곤과 센트럴 월드 등 대형 쇼핑센터와 백화점들이 즐비하게 들어선 시내의 모습 역시 최고의 쇼핑지다운 느낌을 준다.

2. 싱가포르(Singapore)

동서양의 문화가 융합된 다민족도시국가로, 금융도시인 동시에 세계적인 관광도시이다. 이는 싱가포르 정부가 관광지를 많이 조성하였기 때문이기도 하다. 국토의 3분의 2가량이 녹지이며 가지노, 컨벤션 센터, 쇼핑몰 등의 볼거리 또한 다양하다. 관광지로서 싱가포르의 최대 장점은 강력한 치안과 청결함이다. 싱가포르의 공권력

은 강한 것으로 매우 유명하다. 그러다 보니 관광객들이 다니기에 가장 안전한 도시로 꼽히기도 한다. 다만, 관광객들 역시 강력한 법규를 잘 지켜야 하므로 싱가포르에서 조심해야 할 행동들을 익혀두는 것이 좋다.

대표적인 관광지로는 세계 최고 규모의 새 공원으로 약 600여 종, 8,000여 마리의 새가 있는 주롱 새 공원, 아시아 최대 규모의 열대 해양 수족관인 싱가포르 언더 워터 월드, 싱가포르의 상징인 머라이언 상이 있는 머라이언 공원, 힌두교 사원인 스리 마리암만 사원과 이슬람 사원인 싱가포르 술탄 모스크 등이 있다.

3. 캄보디아의 앙코르와트(Angkor Wat)

세계 최대 규모의 종교 사원이다. 처음에는 힌두교의 주신 중 하나인 비슈누 신에게 봉헌되어 힌두교 사원으로 사용되었으나 나중에는 불교 사원으로도 쓰여 불상도 함께 모셔져 있다. 12세기 초 크메르제국 때 조성된 앙코르와트는 당시의 기술과 예술이 집대성된 최고의 작품이라고 할 수 있다. 사원 외부는 성벽으로 둘러싸여 있으며, 그 주위를 해자가 감싸고 있다. 이는 사원뿐 아니라 왕에 의해 건설된 건물의 특징을 함께 갖고 있기 때문이라고 할 수 있다. 사원 내부에는 종교적인 내용뿐 아니라 당대의 사회적인 모습도 함께 묘사되어 있어서 크메르제국의 생활상을 알 수 있게 해주어 역사적으로도 귀한 가치를 지니고 있다. 외적으로도 매우 아름다워 석양과 함께 보는 사원은 말 그대로 신비롭고 우아하며 장엄한 외관을 선보인다.

4. 홍콩(Hong Kong)

현재는 중국의 영토이지만, 오랫동안 영국의 지배를 받았기 때문에 서양적인 요소가 강한 곳이다. 중국으로 반환된 후에도 일국양제의 영향으로 중국 본토와는 다르게 자본주의 시장경제체제를 유지하고 있으며 본토의 간섭을 받지 않는다.

홍콩의 대표적인 관광지 중 하나는 빅토리아 피크이다. 홍콩에서 가장 높은 산인데, 이곳을 올라갈 때는 피크트램을 이용한다. 피크 타워에 올라가면 홍콩의 아름다운 야경을 한눈에 볼 수 있다. 홍콩은 세계적으로 유명한 배우들이 많이 있어 그들의 손도장과 사인이 찍혀 있는 스타의 거리가 바닷가를 따라서 나 있으며, 이곳에는 리샤오룽(李小龍)의 동상도 함께 있다. 홍콩 오션파크는 다양한 해양동물들을 볼 수 있을 뿐 아니라 여러 오락시설, 다양한 문화공연이 함께하는 복합레저파크로, 연 관광객이 400만 명에 달하는 명소이다. 또한 홍콩은 마카오와 연계된 관광코스가 발달되어 있다.

5. 인도의 타지마할(Taj Mahal)

인도 아그라에 위치한 무굴제국의 대표적 건축물이다. 무굴 황제 샤 자한이 자신이 총애했던 부인 뭄타즈 마할을 기리기 위하여 2만 명이 넘는 노동자를 동원하여 건축한 무덤으로 완공에 22년이 걸렸다. 페르시아, 터키, 인도 및 이슬람의 건축 양식이 잘 조합된 타지마할은 1983년 유네스코 세계문화유산으로 등재되면서 '인도에 위치한 무슬림 예술의 보석이며 인류가 보편적으로 감탄할 수 있는 걸작'이라는 평가를 받았다. 타지마할 하면 대표적으로 떠오르는 건물이 본당인데, 하얀 대리석으로 지어져서 햇빛에 따라 빛깔이 달라 보여 더욱 아름답고 신비롭다. 본당의 가운데 돔의 높이가 65m에 달하며, 동서남북 어디에서 봐도 완벽한 대칭을 이루고 있는 것이 특징이다. 황제와 왕비가 함께 잠들어 있는 실제 무덤은 본당 지하에 있지만 관광객들의 출입은 제한되어 있다고 한다. 인도 관광객들이 가장 많이 찾는 명소이며, 세계에서 가장 아름다운 무덤이다.

기본 회화 표현

Chapter 01

일상적인 만남의 인사

UNIT 01

일상적인 인사를 할 때

안녕하세요!
Hi / Hello!
하이 / 헬로우

안녕하세요! (아침/낮/밤)
Good morning(afternoon/evening)!
굿 모닝(앱터눈/이브닝)

잘 있었니. (친한 사람끼리)
Hi, there!
하이 데어

휴일 잘 보내셨어요?
Did you have a nice holiday?
디쥬 해버 나이스 할러데이

지난 주말은 어떻게 보내셨어요?
What did you do last weekend?
왓 디쥬 두 라슷 위켄-

날씨 참 좋죠?
(It's) Beautiful weather, isn't it?
잇스 뷰우터펄 웨더 이즌닛

UNIT 02

우연히 만났을 때

아니 이게 누구세요!
Look who's here!
룩 후즈 히어

- 세상 정말 좁군요.
  What a small world!
  와러 스몰 월드

- 여기서 당신을 만나다니 뜻밖이군요.
  It's a pleasant surprise to see you here.
  잇쳐 플레즌트 서프라이즈 투 씨 유 히어

- 이곳에서 당신을 보리라곤 생각도 못했어요.
  I didn't expect to see you here.
  아이 디든 익스펙투 씨 유 히어

- 그렇지 않아도 당신을 만나고 싶었었는데요.
  You're just the man I wanted to see.
  유어 저슷 더 맨 아이 원팃 투 씨

- 여기에 어쩐 일로 오셨어요? (용무를 물어볼 때)
  What brings you here?
  왓 브링스 유 히어

- 우리 전에 만난 적이 있지 않습니까?
  We've met before, right?
  위브 멧 비훠 롸잇

UNIT 03 안녕을 물을 때

- 어떻게 지내세요?
  How are you doing?
  하- 아유 두잉

- 안녕, 어떻게 지내니?
  Hi, how are you?
  하이 하- 아유

별일 없으세요?
Anything new?
에니씽 뉴

오늘은 좀 어떠세요?
How do you feel today?
하우 두 유 휠 투데이

오늘 재미가 어떠세요?
How's your day going?
하우즈 유어 데이 고잉

어떻게 지내셨어요?
How have you been doing?
하우 해뷰 빈 두잉

일은 좀 순조롭게 진행되어 가나요?
Are you making any progress?
아유 메이킹 에니 프라그러스

오랜만에 만났을 때

오랜만입니다.
Long time no see.
롱 타임 노 씨

여전하군요.
You haven't changed at all.
유 해븐 체인쥐드 애롤

참 오랜만이군요.
You've been quite a stranger.
유브 빈 콰잇러 스트레인져

몇 년 만에 뵙는군요.
I haven't seen you in years.
아이 해븐 씬 유 인 이어즈

세월 참 빠르군요.
Time flies.
타임 훌라이즈

보고 싶었어요.
I've missed you.
아이브 미스트 유

요즘 당신 보기 힘들군요.
I haven't seen much of you lately.
아이 해븐 씬 마취 어(브) 레잇리

UNIT 05 안부를 묻고 답할 때

가족들은 안녕하신지요?
How's your family?
하우즈 유어 훼멀리

가족들은 모두 잘 있습니까?
How's everybody at your house?
하우즈 에브리바디 앳 유어 하우스

모두들 잘 지내시는지요?
How's everyone getting along?
하우즈 에브리원 게링 얼롱

밀러 씨가 당신 안부를 전하더군요.
Mr. Miller asked me to give his regards to you.
미스터 밀러 에슥트 미 투 깁 히즈 리가즈 투 유

Chapter 02

소개할 때의 인사

처음 만났을때

✪ 처음 뵙겠습니다.
How do you do?
하우 두 유 두

✪ 만나서 반갑습니다.
Nice to meet you.
나이스 투 밋츄

✪ 알게 되어 기쁩니다.
I'm glad to know you.
암 글래드 투 노우 유

✪ 만나 뵙게 되어 영광입니다.
I'm honored to meet you.
암 아너드 투 밋츄

✪ 제가 오히려 반갑습니다.
The pleasure is mine.
더 플레져 이즈 마인

자신을 소개할 때

✪ 제 소개를 할까요?
May I introduce myself?
메아이 인트러듀스 마이셀흐

✪ 제 소개를 하도록 하겠습니다.
Perhaps I should introduce myself.
퍼햅스 아이 슈드 인트러듀스 마이셀흐

저는 부모님과 함께 살고 있습니다.
I live with my parents.
아이 리브 윗 마이 페어런츠

전 장남입니다.
I'm the oldest son.
암 더 올디스트 썬

전 맏딸입니다.
I'm the oldest daughter.
암 디 올디스트 도-러

전 독신입니다.
I'm single.
암 씽글

소개시킬 때

두 분이 서로 인사 나누셨습니까?
Have you met each other?
해뷰 멧 이취 아더

김 씨, 밀러 씨하고 인사 나누세요.
Mr. Kim, meet Mr. Miller.
미스터 킴 밋 미스터 밀러

이쪽은 제 동료인 토마스 씨입니다.
This is a colleague of mine, Mr. Thomas.
디씨저 칼리그 옵 마인 미스터 토마스

제 친구 존슨 씨를 소개하겠습니다.
Let me introduce my friend, Mr. Johnson.
렛 미 인트러듀스 마이 후랜드 미스터 쟌슨

존슨 씨가 당신에 대해 자주 말씀하셨습니다.
Mr. Johnson often speaks of you.
미스터 쟌슨 오픈 스픽스 어뷰

오래 전부터 한번 찾아뵙고 싶었습니다.
I've been wanting to see you for a long time.
아이브 빈 원팅 투 씨 유 훠러 롱 타임

전에 한번 뵌 적이 있는 것 같습니다.
I think I've seen you before.
아이 씽 아이브 씬 유 비훠

그밖에 소개에 관한 표현

서로 좋은 친구가 되었으면 합니다.
I hope we become good friends.
아이 홉 위 비컴 굿 프랜즈

말씀 많이 들었습니다.
I've heard so much about you.
아이브 허드 쏘 마취 어바웃츄

만나 뵙고 싶었습니다.
I wanted to see you.
아 원티드 투 씨 유

이건 제 명함입니다.
This is my business card.
디씨즈 마이 비즈니스 카드

명함 한 장 주시겠어요?
May I have your business card?
메아이 해뷰어 비즈니스 카드

Chapter 03 헤어질 때의 인사

UNIT 01 밤에 헤어질 때

잘 자요!
Good night!
굿 나잇

좋은 꿈 꾸세요!
Sweet dreams!
스윗 드림스

UNIT 02 기본적인 작별 인사

안녕히 가세요.
Good bye. / Bye.
굿바이 / 바이

다음에 뵙겠습니다.
See you later.
씨 유 레이러

그럼, 이만.
So long.
쏘 롱

또 봅시다.
I'll be seeing you!
알 비 씽 유

그래요. 그럼 그때 뵙겠습니다.
O.K. I'll see you then.
오케이 알 씨 유 덴

재미있는 시간 보내세요.
Have a good time.
해버 굿 타임

안녕히 계세요(살펴 가세요).
Take care.
테익 케어

재미있게 보내!
Enjoy yourself!
엔죠이 유어셀흐

즐겁게 보내게!
Have fun!
해브 휜

만나서 반가웠어요.
(It was) Nice meeting you!
(잇 워즈) 나이스 미팅 유

좀 더 자주 만납시다.
Let's meet more often.
렛스 밋 모어 오픈

살펴 가세요.
Take it easy!
테이킷 이지

그럼 거기서 봅시다.
See you there, then.
씨 유 데어 덴

조만간에 한번 만납시다.
Let's get together soon.
렛스 겟 투게더 쑨

UNIT 03 방문을 마칠 때

가봐야겠어요.
I guess I'll leave.
아이 게쓰 아윌 리브

떠나려고 하니 아쉽습니다.
I'm sorry that I have to go.
암 쏘리 댓 아이 해브 투 고

가봐야 할 것 같네요.
(I'm afraid) I have to go now.
(암 어후레이드) 아이 해브 투 고 나우

이제 일어서는 게 좋을 것 같네요.
I'm afraid I'd better be leaving.
암 어후레이드 아이드 배러 비 리빙

너무 늦은 것 같군요.
I'm afraid I stayed too long.
암 어후레이드 아이 스테이드 투 롱

이제 가봐야겠습니다.
I must be going now.
아이 머슷 비 고잉 나우

미안하지만, 제가 좀 급합니다.
I'm sorry, but I'm in a hurry.
암 쏘리 벗 암 이너 허리

미안합니다만, 이제 일어서야 할 것 같아요.
I'm sorry, but I've got to be on my way.
암 쏘리 벗 아이브 가러 비 온 마이 웨이

정말로 식사 잘 했습니다.
I really enjoyed the meal.
아이 뤼리 인죠이드 더 밀

오늘 저녁 정말 즐거웠습니다.
I really had a pleasant evening.
아이 륄리 해더 플레즌트 이븐닝

멋진 파티 정말 고맙게 생각해요.
Thank you very much for a wonderful party.
탱큐 베리 마취 훠러 원더휠 파티

그럼, 다음에 뵐게요. 안녕히 계세요.
Well, see you later. Good bye.
웰 씨 유 래이러 굿 바이

주인으로서의 작별 인사

방문해 주셔서 고맙습니다.
Thank you for coming.
땡큐 훠 커밍

좀 더 계시다 가시면 안 돼요?
Can't you stay a little longer?
캐앤 유 스테이 어 리를 롱어

지금 가신다는 말입니까?
Do you mean you're going now?
두 유 민 유어 고잉 나우

저녁 드시고 가시지 않으시겠어요?
Won't you stay for dinner?
원츄 스테이 훠 디너

오늘 즐거우셨어요?
Did you have a good time today?
디슈 해버 굿 타임 투데이

- 다시 만날 수 있을까요?
  Can we meet again?
  캔위 밋 어게인

- 또 오세요.
  Come again.
  컴 어게인

- 제가 바래다 드릴까요? (자동차로)
  Can I give you a lift?
  캔 아이 기뷰어 립트

- 가끔 전화 주세요.
  Please call me any time.
  플리즈 콜 미 에니 타임

- 거기에 도착하시는 대로 저한테 전화 주세요.
  Phone me as soon as you get there.
  폰 미 애즈 쑨 애즈 유 겟 데어

UNIT 05 안부를 전할 때

- 당신 아내에게 안부 좀 전해 주세요.
  Please give my regards to your wife.
  플리즈 깁 마이 리가즈 투 유어 와입

- 당신 가족에게 제 안부 좀 전해 주세요.
  Say hello to your family for me.
  세이 헬로우 투 유어 훼멀리 훠 미

- 가족들에게 안부 부탁합니다.
  Send my regards to your family.
  샌드 마이 리가즈 투 유어 훼멀리

Chapter 04 고마움을 나타낼 때

기본적인 감사의 표현

감사합니다.
Thank you. / Thanks.
땡큐 땡스

대단히 감사합니다.
Thanks a lot.
땡스 어랏

진심으로 감사드립니다.
I heartily thank you.
아이 하트리 땡큐

여러모로 감사드립니다.
Thank you for everything.
땡큐 훠 에브리씽

어떻게 감사를 드려야 할지 모르겠어요.
How can I ever thank you?
하우 캔 아이 에버 땡큐

얼마나 감사한지 모르겠어요.
I can never thank you enough.
아이 캔 네버 땡큐 이넙

고마움을 나타낼 때

어쨌든 감사합니다.
Thank you anyway.
땡큐 에니웨이

- 큰 도움이 되었어요.
  You've been a great help.
  유브 비너 그레잇 핼프

- 정말 감사드립니다.
  I appreciate it very much.
  아이 어프리쉬에이릿 베리 마취

- 김 선생님, 제가 큰 은혜를 입었습니다.
  You're doing me a big favor, Kim.
  유어 두잉 미 어 빅 훼이버 킴

- 태워다 주셔서 감사합니다.
  Thank you for giving me a lift.
  땡큐 훠 기빙 미 어 리흐트

- 도와주셔서 감사합니다.
  Thank you for your help.
  땡큐 훠 유어 헬프

배려에 대한 고마움을 나타낼 때

- 고맙습니다. 그거 좋지요.
  Thank you, I'd like that.
  땡큐 아이드 라익 댓

- 환대에 감사드립니다.
  Thank you for your hospitality.
  땡큐 훠 유어 하스피텔러티

- 여러모로 고려해 주셔서 정말 고맙게 생각합니다.
  I appreciate your consideration.
  아이 어프리쉬에잇 유어 컨시더레이션

보답해 드릴 수 있으면 좋겠어요.
I hope I can repay you for it.
아이 호파이 캔 리패이 유 훠릿

덕분에 저녁 시간 재미있었습니다.
Thank you very much for a nice evening.
땡큐 베리 마취 훠러 나이스 이브닝

동반해 주셔서 즐겁습니다.
I enjoy your company.
아이 인죠이 유어 컴퍼니

당신 덕분에 오늘 정말 재미있게 보냈습니다.
I had a wonderful time being with you.
아이 해더 원더훨 타임 빙 위(드)유

걱정해 주셔서 고맙습니다.
Thank you for your concern.
땡큐 훠 유어 컨선

감사의 선물을 줄 때

자, 선물 받으세요.
Here's something for you.
히어즈 썸씽 훠 유

당신에게 드리려고 뭘 사왔어요.
I bought something for you.
아이 보트 썸씽 훠 유

당신에게 줄 조그만 선물입니다.
I have a small gift for you.
아이 해버 스몰 깁트 훠 유

이 선물은 제가 직접 만든 거예요.
This gift is something I made myself.
디스 깁트 이즈 썸씽 아이 메이드 마이셀흐

대단치 않지만 마음에 들었으면 합니다.
It isn't much but I hope you like it.
잇 이즌 마취 버라이 호퓨 라이킷

보잘것없는 것이지만 받아 주십시오.
Kindly accept this little trifle.
카인드리 억셉 디스 리틀 트라이휠

감사의 선물을 받을 때

이건 바로 제가 갖고 싶었던 거예요.
This is just what I wanted.
디씨즈 저슷 와라이 원티드

당신은 정말 사려 깊으시군요.
How thoughtful of you!
하우 쏘웃휠 어뷰

무엇 때문이죠?
What for?
왓 훠

당신의 선물을 무엇으로 보답하죠?
What shall I give you in return for your present?
왓 셸 아이 기뷰 인 리턴 훠 유어 프레즌트

훌륭한 선물을 주셔서 대단히 고맙습니다.
Thank you very much for your nice present.
땡큐 베리 마취 훠 유어 나이스 프레즌트

감사 표시에 대해 응답할 때

천만에요.
You're welcome.
유어 웰컴

원 별말씀을요(천만의 말씀입니다).
Don't mention it.
돈 맨셔닛

그렇게 말씀해 주시니 고맙습니다.
It's very nice of you to say so.
잇스 베리 나이스 어뷰 투 쎄이 쏘

제가 오히려 즐거웠습니다.
The pleasure's all mine.
더 플레져스 올 마인

대단한 일도 아닙니다(별것 아닙니다).
No big deal.
노 빅 딜

그것은 아무것도 아닙니다.
It's nothing.
잇스 낫씽

나한테 감사할 것까지는 없습니다.
No need to thank me.
노 니드 투 쌩크 미

이젠 괜찮습니다. 고맙습니다.
I'm all right now. Thank you.
암 올 롸잇 나우 땡큐

Chapter 05 사죄 · 사과를 할 때

UNIT 01 사과 · 사죄를 나타낼 때

실례합니다(미안합니다).
Excuse me.
익스큐즈 미

실례했습니다. 사람을 잘못 봤습니다.
Excuse me. I got the wrong person.
익스큐즈 미　아이 가러 렁 퍼슨

미안합니다.
I'm sorry.
암 쏘리

정말 죄송합니다.
I'm really sorry.
암 륄리 쏘리

당신에게 사과드립니다.
I apologize to you.
아이 어팔러좌이즈 투 유

여러 가지로 죄송합니다.
I'm sorry for everything.
암 쏘리 훠 에브리씽

행위에 대한 사과 · 사죄를 할 때

늦어서 미안합니다.
I'm sorry. I'm late.
암 쏘리　암 래잇

- 그 일에 대해서 미안하게 생각하고 있습니다.
  I feel sorry about it.
  아이 휠 쏘리 어바우릿

- 얼마나 죄송한지 모르겠습니다.
  I can't tell you how sorry I am.
  아 캐앤 텔 유 하우 쏘리 아이 엠

- 오래 기다리게 해서 미안합니다.
  I'm sorry to have you wait so long.
  암 쏘리 투 해뷰 웨잇 쏘 롱

- 기분을 상하게 해드리지는 않았는지 모르겠네요.
  I hope I didn't offend you.
  아이 호파이 디든 오휀드 유

- 폐를 끼쳐서 죄송합니다.
  I'm sorry to disturb you.
  암 쏘리 투 디스터뷰

UNIT 03 실수를 범했을 때

- 실수에 대해 사과드립니다.
  I apologize for the mistake.
  아이 어팔러좌이즈 훠 더 미스테익

- 미안해요, 어쩔 수가 없었어요.
  I'm sorry, I couldn't help it.
  암 쏘리 아이 쿠든 헬핏

- 그럴 생각은 추호도 없었습니다(고의가 아닙니다).
  I didn't mean it at all.
  아이 디든 미닛 애롤

여행 영어를 위한 워밍업

영어의 발음 규칙

영어 발음을 익히는 것부터가 여행의 시작

해외 여행을 하기 전에 먼저 귀를 뻥 뚫어놓고, 혀가 확 꼬부라지게 하자. 영어 발음은 한국어의 발음체계와 달라 알아듣기도 힘들지만 대답하기도 결코 쉽지 않다. 여행은 그다지 격식이 필요 없으므로 꼭 필요한 단어로도 의사소통이 되며, 몸짓, 발짓 따위의 제스처로도 가능하다. 그러나 적어도 발음만큼은 어느 정도 극복해야 즐거운 여행이 될 수 있을 것이다. 영어와 우리말의 가장 큰 차이점은 어순(語順)에 있다는 사실을 잊지 말고 발음이 통해야 의사소통이 된다는 것을 명심해야만 한다.

1. 악센트

영어의 악센트(accent)는 항상 모음에 온다. 「모음(vowel sound)의 음운변화」에 의해 나타나는 리듬, 인토네이션, 음의 변화현상, 음의 축약현상 따위에 유의해야 한다.

- 내용어(강형) : 명사, 동사, 형용사, 부사, 의문사, 수사, 감탄사 등
- 기능어(약형) : be동사, 조동사, 전치사, 인칭 대명사, 관사, 접속사, 관계사 등

2. 리듬

영어의 리듬은 앞에서 제시한 내용어와 기능어의 차이에 의해 강약이 다르게 나타나므로 대체로 자신이 강조해야 하는 내용어에는 강하고 분명하게 발음하며, 문법적 요소로 등장하는 기능어는 다소 빠르고 약하게(짧게) 발음하면 된다.

3. 스피드

한국인에게 가장 약한 부분이 바로 발음인데 네이티브의 발음 속도에 어느 정도 적응하느냐?가 문제이다. 발음에 있어 속도 변화를 가져오는 주된 요인으로는 강세와 리듬을 꼽을 수 있는데 그것보다도 강세 사이의 약음이 많을수록 그곳의 발음이 약해지고, 또한 스피드도 빨라짐으로써 우리가 네이티브의 발음을 알아듣기 힘들게 된다. 대부분의 기능어가 약음화되어 불분명하고 애매모호한 음으로 들리게 되므로 약형으로 처리되는 곳에서의 발음 현상에 얼마나 빨리 적응할 것이며, 또한 이에 대한 대처 능력을 기를 것인가?가 관건이다.

4. 발음 규칙

영어 발음은 크게 음의 변화 현상, 약음화 현상, 축약 현상으로 대별되는데 발음 규칙은 억양(인토네이션 intonation)에 의한 생동감 있는 리듬에 초점을 두어야 한다.

① 리듬

영어는 강약의 차이와 더불어 어휘를 서로 붙여 말하므로 영어 특유의 리듬이 생긴다.

□ He told me that there was an accident.

(히 톨드 미 댓 데어뤄즈 언 액씨던트)

② 인토네이션(억양)

영어는 인토네이션 언어라고 불리며, 한국어에는 없는 복잡한 인토네이션이 사용된다.

□ Yes.(↘) Yes.(↗) Yes.(↘↗) Yes.(↗↘) *Ya!

□ No.(↘) No.(↗) No.(↘↗) No.(↗↘) *Nope!

□ Please!(↘) Please!(↗) Please!(↗↘) Please!(↘↗)

□ 이러한 표현은 상황에 따라 달리 표현되며, 또한 억양에 의해 의미가 달라진다.

③ 연음

단어가 서로 매끄럽게 연결되려는 현상이다.

□ Will you top it up? [타피럽]

④ 동화

모음 사이에 자음이 올 경우 음이 달라지는 현상이다.

□ Nice to meet you. [미츄]

⑤ 단축형

is, has, will, not 등이 다른 단어에 대하여 단축형이 되는 경우 음이 달라진다.

□ I knew you'd come. [you had/would]

⑥ 파열음의 소실

파열음이 있어도 실제로는 파열이 일어나지 않는 경우가 있다.

□ They all kept quiet. [켑 콰이엇]

⑦ 음의 탈락(축약/생략)

모음이나 자음의 발음이 발음의 편리성에 의해 생략되거나 탈락하는 현상이 나타난다.

▫ camera [캐머러] / next week [넥스윅]

⑧ 자음의 중첩

한국어와 달리 모음이 들어가지 않고 자음만 연결되는 경우가 많다.

▫ The child is clever.

⑨ 모음·자음의 발음

구별하기 어려운 발음이 있다.

▫ heart [하트] / hurt [헛]

▫ bees [비즈] / beads [비(ㄷ)즈]

▫ fly [플라이] / fry [프라이]

✹ 세계 각국의 영어

영어는 나라마다 특징이 있으며, 발음이나 억양 등에 미묘한 차이가 있다. 여기서는 차이점을 크게 6개로 나눠 설명한다. 미국인이 호주에 가서 영어가 통하지 않는 경우도 드물게 있으므로 나라나 지역에 따른 영어의 특징을 알아두는 것이 여행에 도움을 주리라 생각한다. 이 책은 미국 영어를 기본으로 하였음을 일러둔다.

□ 미국 영어

미국에서 사용하는 영어는 크게 5가지로 분류한다. ① New England(뉴잉글랜드 지방), ② Inland Northern(뉴욕 주에서 몬태나 주 등 북부 48개 주), ③North Midland(뉴저지 주 중서부, 로키 산맥, 서해안), ④ South Midland(웨스트버지니아 주, 켄터키 주, 텍사스 주 일부), ⑤ Southern(버지니아 주부터 미국 동남부 주, 텍사스 주 일부). 이 중에서도 ③번의 North Midland의 영어가 미국 영어로 가장 널리 알려져 있기 때문에 영화나 텔레비전 등은 이것을 표준어로 하고 있다.

□ 영국 영어

텔레비전이나 라디오 등 매스컴, 공립학교 등에서는 Queen's English 또는 King's English라고 불리는 표준어가 쓰이고 있다. 이것은 캠브리지 대학이나 옥스퍼드 대

학 등에서 고등 교육을 받은 엘리트 교양인의 증거인 잉글랜드 남부 표준어이다. 상류 계층의 영어(posh English)라고도 불리는 영국 영어는 입술을 둥글게 오므리는(rounded) 것과 빠른 말투가 특징이다. 단어에서는 감동했을 때 미국에서는 wonderful을 빈번히 쓰지만, 영국에서는 lovely를 사용한다. 또한 의미를 강하게 하는 very를 bloody라고 한다.

□ 호주 영어

호주 영어는 Aussie English라고 불리며, a를 [아이]로 발음하는 것이 특징이다. 때문에 Monday가 [먼다이], rain이 [라인]으로 들린다. 전체적으로 영국 영어의 영향을 받고 있지만, 뉴질랜드만큼은 아니다. bloody를 강조할 때 사용하는 점은 영국과 마찬가지이며, 광대한 국토를 가지고 있음에도 불구하고 방언이 거의 없다. 미국 영어와 유사한 점은 말을 줄이는 경향이 강하다는 점이다. y=you(당신), uni=university(대학), teev=TV(텔레비전), vedge=vegetable(야채), cuppa=a cup of tea(차 1잔) 등이 있다. 또, 단어의 어미에 친근함을 나타내는 접미어를 많이 붙인다. school teacher는 schoolie, football은 footie, Australian은 Aussie라고 한다.

□ 뉴질랜드 영어

뉴질랜드 영어는 [이]가 [에]로 들리는 것이 특징이다. 영국 영어와 마찬가지로 입술을 둥글게 하여 오므려(rounded) 발음하는 점과 정중한 영어를 사용한다.

□ 캐나다 영어

캐나다는 대부분 영어가 공용어이지만, 퀘벡 주 등 동부 일부의 주에서는 프랑스어가 공용어이다. 영어는 미국 영어와 거의 동일하다. 지역에 따라 차이가 있으며, 노바스코시아 주나 프린스에드워드 섬 등 영국의 영향이 남아 있는 지역에서는 영국 영어를 사용하고 있다.

□ 동남아시아 영어

싱가포르나 필리핀에서는 공용어로 영어가 널리 쓰인다. 그밖의 지역에서는 대형 호텔이나 일부 공공기관 외에는 영어가 통하지 않는 곳이 많다. 발음은 토착어 영향이 강하다. 미국 영어나 영국 영어와도 다르며, 말이 빠른 동시에 입 끝으로 말하는 느낌이 동남아 영어에서 공통적이다. 이것은 중국어의 영향을 받는 느낌도 있다.

UNIT 01

인사의 표현

흔히 인사표현은 시간, 장소, 대상, 상황에 따라 달리 표현되는데 어떤 장소나 상황에서라도 모르는 사람을 만나면 무조건 가볍게 인사를 건네도록 합시다. 일상적인 회화에서 가장 많이 쓰이는 말이 Hi!와 Hello!입니다. 가게의 점원이 How are you?라고 가볍게 말을 걸면, 이것은 '안녕하세요?' 정도의 가벼운 뉘앙스로써 Hi! / Hello there! / Hey!의 뜻입니다.

Q : 안녕하세요.
annyeonghaseyo
Hi!
하이

A : 안녕하세요. 만나서 반갑습니다.
annyeonghaseyo. mannaseo bangapseumnida
Hello! Nice to meet you.
헬로우 나이스터 밋츄

안녕하세요. (오후, 저녁)
annyeonghaseyo
Good morning(afternoon, evening).
굿 모닝(앱터눈, 이브닝)

잘 지내셨습니까?
jal jinaesyeotseumnikka
How are you?
하-아 유
* 다소 격식을 갖춘 초면의 인사표현으로 How do you do?라는 표현도 익혀두자.

잘 지냅니다. 당신은요?
jal jinaemnida dangsineunyo

Fine thank you. And you?
화인 탱큐 앤유

처음 뵙겠습니다.
cheoeum boepgetseumnida

Nice to meet you.
나이스터 밋츄

* 앞에 It's가 생략된 표현으로, nice 대신에 glad, pleased, happy 따위의 형용사를 사용해도 무방하지만 이것은 앞에 I'm이 생략된 표현이다. 우리가 알고 있는 How do you do?라는 표현은 다소 격식을 차린 표현이다.

저 역시 만나서 반갑습니다.
jeo yeoksi mannaseo bangapseumnida

Nice to meet you, too.
나이스터 밋츄, 투

안녕히 계십시오(가십시오).
annyeonghi gyesipsio(gasipsio)

Good-bye.
굿바이

내일 또 만납시다.
naeil tto mannapsida

See you tomorrow.
씨 유 터마로우

* 흔히 See[Catch] you later. / See you then[there]. / See you again[around]. 따위도 널리 활용된다. 그밖에 So long. / Let's keep in touch. / Nice meeting you. / Have a nice day! / Take care! / Be careful. 등의 작별 인사도 알아두면 편리하다.

한국에서 다시 만납시다.
hangugeseo dasi mannapsida

See you in Korea.
씨 유 인 코리어

UNIT 02

감사의 표현

감사의 표현은 무조건 Thank you./Thanks.입니다. 감사의 기분을 강하게 전하고 싶을 경우에는 뒤에 very much나 so much 등을 붙여서 뜻을 강조합니다. thank를 명사로 표현하면 "대단히 감사합니다."라는 뜻으로 Thanks a lot. / A thousand thanks. / Thanks a million 등으로 표현할 수도 있습니다.

Q : 수고해주셔서 감사합니다.
sugohaejusyeoseo gamsahamnida
Thank you for your trouble.
땡큐 풔 유어 트라블

A : 천만에요. *별말씀을요.
cheonmaneyo
You're welcome.
유어 웰컴

고마워요.
gomawoyo
Thanks.
땡스
* Thank you.의 구어체로 널리 쓰인다.

대단히 감사합니다.
daedanhi gamsahamnida
Thank you very much.
땡큐 베리 머취

감사드립니다. *고맙습니다.
gamsadeurimnida

I appreciate it.
아이 어프리쉬에이릿

친절에 감사드립니다.
chinjeore gamsadeurimnida

Thank you for your kindness.
땡큐 훠 유어 카인니스

도와주셔서 감사드립니다.
dowajusyeoseo gamsadeurimnida

Thank you for your help.
땡큐 훠 유어 헬프.

* 유사한 패턴 표현으로 Thank you for everything.(여러모로 감사합니다.) / Thank you for your kindness.(신경 써주셔서 감사합니다.) / Thank you for your calling.(전화 주셔서 감사합니다.) 따위도 널리 활용된다.

진심으로 감사드립니다.
jinsimeuro gamsadeurimnida

Heartily, thank you.
하틀리, 땡큐

신세가 많았습니다.
sinsega manatseumnida

You were a big help.
유 워러 빅 헬프

* 일반적으로는 I owe you one.(신세를 졌습니다.)이라는 표현이 널리 활용된다.

천만에요. *별말씀을요.
cheonmaneyo

You're welcome.
유어 웰컴

* 감사의 표현이나 이에 대한 응답은 조건반사적으로 표현되는 것이 그들의 언어습관이다. 유사한 표현으로 Don't mention it. / Not at all. / My pleasure. / No problem. 따위로 대용할 수도 있다.

UNIT **03**

사과의 표현

다소 가벼운 의미의 '실례합니다'는 Excuse me.로 표현되며, 책임이나 진정성을 나타낼 경우에는 I'm sorry.를 사용합니다. 다른 사람 앞을 지나갈 때, 재채기를 했을 때, 방문할 때에는 Excuse me.로 말하며, 타인의 발을 밟았을 때, 어깨를 부딪쳤을 때 등의 경우에는 I'm sorry.를 씁니다. 이에 대해 That's all right. / Never mind.(괜찮습니다.)로 대답합니다.

Q : 깜빡 잊어버려 미안합니다.
kkamppak ijeobeoryeo mianhamnida
I'm sorry. I forgot.
아임 쏘리 아이 훠갓

A : 괜찮습니다.
gwaenchanseumnida
That's all right.
댓츠 올 롸잇

정말로 죄송합니다.
jeongmallo joesonghamnida
I'm really sorry.
아임 리얼리 쏘리

늦어서 미안합니다.
neujeoseo mianhamnida
I'm sorry I'm late.
아임 쏘리 아임 래잇

실례합니다.
sillyehamnida

Excuse me.
익스큐즈 미

* Please!라는 표현은 이럴 경우에도 사용되지만 도움을 요청하거나 부탁할 경우에도 사용된다. 또한 용서를 구하는 표현인 Pardon me.는 억양에 따라 '다시 말해 주세요.'라는 요청의 표현으로도 쓰인다.

제가 잘못했습니다.
jega jalmotaetseumnida

It's my fault.
잇츠 마이 폴트

* 자신의 명백한 실수에 대해 분명하게 사과표현을 하는 것이 예법이다. I didn't mean it.(고의가 아닙니다.) / Oops. My mistake.(이런, 제 잘못입니다.) / I'm sorry to have kept you waiting.(기다리게 해서 죄송합니다.) 따위의 표현도 널리 사용된다.

당신 잘못이 아닙니다.
dangsin jalmosi animnida

That's not your fault.
댓츠 낫 유어 폴트

용서하십시오.
yongseohasipsio

Please forgive me.
플리즈 풔기브 미

걱정하지 마십시오.
geokjeonghaji masipsio

Don't worry about it.
돈 워리 어바우릿

신경 쓰지 마십시오.
singyeong sseuji masipsio

No problem.
노 프라블럼

UNIT 04

응답의 표현

서양인들은 다소 분명한 대답을 선호하는 경향이 있으므로 애매모호한 답변은 피하는 것이 좋습니다. 답변할 때 부가의문문이나 부정형 의문문의 응답 표현에 유의해야 합니다. 가령 Do you mind if I smoke?(담배를 피워도 되겠습니까?)에는 허락할 경우에는 No.(I don't mind.), 허락하지 않을 경우에는 Yes.로 대답합니다.

Q : 커피 더 드시겠습니까?
keopi deo deusigetseumnikka

More coffee?
모어 커피

A : 예, 주십시오.
ye, jusipsio

Yes, please.
예스, 플리즈

예. / 아니오.
ye / anio

Yes. / No.
예스 / 노

예, 그렇습니다.
ye, geureoseumnida

Yes, it is.
예스, 잇티즈

아니오, 그렇지 않습니다.
anio, geureochi anseumnida

No, it isn't.
노, 잇 이즌

아니오, 괜찮습니다.
anio, gwaenchanseumnida

No, thank you.
노, 땡큐

* Would you ~?라는 제안이나 요청에 대해 받아들이는 표현은 Thanks.라고 하면 되는데 사양하거나 거절할 때 No, thanks.라고 표현해야 한다.

맞습니다. *그렇습니다.
matseumnida

That's right.
댓츠 롸잇

* 상대방의 말에 수락하거나 동의할 때 O.K! / Sure! / Certainly!(좋습니다.) 등으로 표현하며, 맞장구를 피력할 경우에는 Of course! / Sounds good!(물론입니다.) 등의 표현을 사용하며, 반문의 어조가 담긴 표현에는 Really? / Is that so? / Is that right?(그래요?) 등이 있다.

알았습니다.
aratseumnida

I understand.
아이 언더스탠

모르겠습니다.
moreugetseumnida

I don't know.
아이 돈 노우

틀림없습니다.
teullimeopseumnida

That's correct.
댓츠 컬랙

UNIT 05

되물음의 표현

현지에서 말하는 영어는 빠르게 들리기 때문에 알고 있는 단어도 놓치는 경우가 많습니다. 그럴 때는 주저하지 말고 되묻도록 합시다. 설령 상대의 말투가 우물거려 명확하지 않더라도 노골적으로 '분명하게 말해 주세요'라고 하기보다는 '천천히 말해 주세요'라는 표현을 쓰도록 합시다. 잘 못 알아들었을 경우에는 Pardon me? / Excuse me?라는 표현을 사용하여 의사소통을 제대로 합시다.

Q : 저도 여기는 초행입니다.
Jeodo yeogineun chohaengimnida
I'm a stranger here, too.
아이머 스트레인져 히어 투

A : 예, 뭐라고요?
ye, mworagoyo
Pardon me?
파든 미

뭐라고 하셨습니까?
mworago hasyeotseumnikka
What did you say?
왓 디쥬 쎄이

다시 한번 말씀해 주시겠습니까?
dasi hanbeon malsseumhae jusigetseumnikka
Could you say that again?
쿠쥬 쎄이 대러게인

좀 더 천천히 말씀해 주십시오.
jomdeo cheoncheonhi malsseumhae jusipsio

Please speak more slowly.
플리즈 스픽 모어 슬로리

뭐라고요?
mworagoyo

What?
왓

그건 무슨 뜻입니까?
geugeon museun tteusimnikka

What does it mean (by that)?
왓 더짓 민 (바이 댓)

이건 어떻게 발음합니까?
igeon eotteoke bareumhamnikka

How do you pronounce it?
하우 두 유 프러나운스 잇

제가 말하는 것을 이해하시겠습니까?
jega malhaneun geoseul ihaehasigetseumnikka

Do you understand me?
두 유 언더스탠 미

써 주십시오.
sseo jusipsio

Write it down, please.
라이릿 다운, 플리즈

간단히 설명해 주세요.
gandanhi seolmyeonghae juseyo

Please explain briefly.
플리즈 익스플레인 브리플리

UNIT 06

구체적인 질문 표현

해외에 나가면 생소한 것이 대부분이어서 궁금하기 마련입니다. 이럴 때 아주 폭넓게 쓸 수 있는 것이 5W1H의 의문사입니다. 특히 What kind of ~ do you like?(종류) / What time is it?(시각) / What day is it?(날짜) / What do you think of it?(견해) / What do you want?(기호) / What brings you here?(용무) 따위의 표현은 반드시 익혀 둡시다.

Q : 누구십니까? (전화에서)
nugusimnikka
Who's calling, please?
후즈 콜링, 플리즈

A : 접니다.
jeomnida
This is he.
디씨즈 히

이건 무엇에 쓰는 것입니까?
igeon mueose sseuneun geosimnikka
What's this for?
왓츠 디스 훠

지금 무엇을 하고 있습니까?
jigeum mueoseul hago itseumnikka
What are you doing now?
워라유 두잉 나우

* 그밖에 How old are you?(나이) / How much is it?(가격) / How far is it from here?(거리) / How long does it take?(시간 소요) 등도 함께 익혀 두자.

이름이 뭡니까?
ireumi mwomnikka

What's your name?

왓츄어 네임

* 다소 공손하게 이름을 물을 경우에는 May I ask your name?이라고 하며, 단순히 Your name, please?라고도 표현한다.

저건 뭡니까?
jeogeon mwomnikka

What's that?

왓츠 댓

무얼 찾고 있습니까?
mueol chatgo itseumnikka

What are you looking for?

와라유 룩킹 훠

무슨 일을 하십니까?
museun ireul hasimnikka

What do you do (for a living)?

왓 두 유 두 (훠러 리빙)

* 직업을 묻는 표현으로 What's your job? / What's your occupation? / What kind of job are you in? 따위로 표현하며, 출신지를 묻는 표현으로는 Where are you from?이라고 한다.

전화번호는 몇 번입니까?
jeonhwabeonhoneun myeot beonimnikka

What's your phone number?

왓츄어 폰 넘버

저 빌딩은 무엇입니까?
jeo bildingeun mueosimnikka

What's that building?

왓츠 댓 빌딩

UNIT 07

장소에 관한 표현

where는 주로 '장소'를 물을 때 사용하지만 그밖에 방향이나 목적지, 갈 곳, 입장, 상태 등도 나타냅니다. Where is the lady's room?(여자 화장실은 어디에 있습니까?)의 lady's room처럼 악센트는 질문하고 싶은 곳에 둡니다. 흔히 "여기가 어디입니까?"라는 표현을 궁금해하는데 간단히 Where am I?라고 하면 됩니다.

Q : 화장실은 어디입니까?
hwajangsireun eodiimnikka

Where's the rest room?
웨어즈 더 레슷 룸

A : 입구 근처에 있습니다.
ipgu geuncheoe itseumnida

It's by the entrance.
잇츠 바이 더 엔트런스

여기는 어디입니까?
yeogineun eodiimnikka

Where are we?
웨어라 위

어디에서 오셨습니까?
eodieseo osyeotseumnikka

Where are you from?
웨어라 유 프럼

면세점은 어디에 있습니까?
myeonsejeomeun eodie itseumnikka

Where's the duty-free shop?
웨어즈 더 듀티-프리 샵

입구는 어디입니까? *출구: exit
ipguneun eodiimnikka

Where's the entrance?
웨어즈 더 엔트런스

그건 어디서 살 수 있습니까?
geugeon eodiseo sal su itseumnikka

Where can I buy it?
웨어 캔아이 바이 잇

버스정류소는 어디입니까?
beoseujeongnyusoneun eodiimnikka

Where's the bus stop?
웨어즈 더 버쓰탑

저는 이 지도의 어디에 있습니까?
jeoneun i jidoui eodie itseumnikka

Where am I on this map?
웨어래마이 온 디스 맵

어디에서 얻을 수 있습니까? *구입하다/사다
eodieseo eodeul su itseumnikka

Where can I get it?
웨어 캔아이 게릿

어디 출신입니까?
eodi chulsinimnikka

Where are you from?
웨어라 유 프럼

*고향을 구체적으로 물을 때 Where do you come from?이라고 한다.

UNIT 08

정도의 표현

정도나 수량을 물을 때 쓰이는 것이 how입니다. 얼마(가격), 어느 정도(정도, 양), 어떤(방법, 수단), 어떤 식으로(상태), 왜(이유, 원인), 언제까지(시간) 등 매우 폭넓게 쓰입니다. 아래 표현을 익혀두면 여러 장면에서 많은 도움이 될 것입니다. 흔히 길을 묻는 경우에 How far is it from here?(얼마나 멉니까?) / How can I get to the post office?(우체국까지 어떻게 갑니까?) 등의 표현이 활용됩니다.

Q : 얼마입니까?
eolmaimnikka

How much is it?
하우 머치 이짓

A : 100달러입니다.
baekdalleoimnida

It's $ 100.
잇츠 원 헌드러드 달러

입장료는 얼마입니까?
ipjangnyoneun eolmaimnikka

How much is it to get in?
하우 머취즈 잇 투 겟틴

공항까지 얼마입니까?
gonghangkkaji eolmaimnikka

How much is it to the airport?
하우 머취즈 잇 투 투 더 에어풋

이 넥타이는 얼마입니까?
i nektaineun eolmaimnikka

How much is this tie?
하우 머치즈 디스 타이

가격이 얼마입니까?
gagyeogi eolmaimnikka?

How much does it cost?
하우 머치 더짓 코스트

박물관까지 얼마나 됩니까? *거리 및 시간의 소요
bangmulgwankkaji eolmana doemnikka

How far is it to the museum?
하우 화 이짓 투 더 뮤지엄

역까지 얼마나 걸립니까?
yeokkkaji eolmana geollimnikka

How long does it take to the station?
하우 롱 더짓 테익 투 더 스테이션

자리는 몇 개 비어 있습니까?
jarineun myeot gae bieo itseumnikka

How many seats are available?
하우 메니 싯츠 아 어베일러블

몇 살입니까?
myeot sarimnikka

How old are you?
하우 올드 아 유

몇 분이십니까?
myeot bunisimnikka

For how many people, please?
훠 하우 메니 피플, 플리즈

UNIT 09

유무에 관한 표현

해외여행 중에는 무엇인가가 있는지 없는지를 물어봐야 할 때가 많습니다. have는 '가지고 있다'라는 소유의 의미에서 '~이(가) 있다'라는 일반적인 존재에 이르기까지 넓은 의미로 쓰입니다. 백화점이나 레스토랑 등에서 자신이 갖고 싶은 것, 사고 싶은 것, 먹고 싶은 것이 있는지 없는지를 묻는 데 편리한 표현입니다. 질문 표현으로 Do you have ~?의 패턴 문형을 즐겨 사용합니다.

Q : 필름은 있습니까?
pilleumeun itseumnikka

Do you have any film?
두 유 해브 애니 휠름

A : 네. 여기 있습니다.
ne yeogi itseumnida

Yes. Right here.
예스 롸잇 히어

2인석은 있습니까?
iinseogeun itseumnikka

Do you have a table for two?
두 유 해버 테이블 풔 투

오늘 밤, 빈방은 있습니까?
oneul bam, binbangeun itseumnikka

Do you have a room for tonight?
두 유 해버 룸 풔 투나잇

좀 더 큰 것은 있습니까?
jom deo keun geoseun itseumnikka

Do you have a larger one?
두 유 해버 라쥐 원

흰색 티셔츠는 있습니까?
huinsaek tisyeocheuneun itseumnikka

Do you have any shirt in white?
두 유 해버니 셔츠 인 화잇

관광지도는 있습니까?
gwangwangjidoneun itseumnikka

Do you have a sightseeing map?
두 유 해버 싸잇씽 맵

야간관광은 있나요?
yagangwangwangeun innayo

Do you have a night tour?
두 유 해버 나잇 투어

공중전화는 있나요?
gongjungjeonhwaneun innayo

Do you have a payphone?
두 유 해버 페이폰

*공중전화는 나라마다 약간씩 다르며, 흔히 public phone이라고 한다.

단체할인은 있습니까?
dancheharineun itseumnikka

Do you have a group discount?
두 유 해버 그룹 디스카운

네, 여기 있습니다.
ne, yeogi itseumnida

Yes. Right here.
예스 롸잇 히어

UNIT 10

의뢰에 관한 표현

의뢰의 표현에서 현재의 것을 말할 때 조동사의 과거형인 Could you ~? 혹은 Would you ~?를 사용하는 것은 상대를 존중하기 위해 자기를 낮추는 정중한 표현이 되기 때문입니다. 현재형은 Can you ~?나 Will you ~?입니다. 우리가 쓰기에 무난한 표현은 Could you ~?의 형태입니다.

Q : 마실 것은 무얼로 하시겠습니까?
masil geoseun mueollo hasigetseumnikka
What would you like to drink?
왓 우쥬 라익 투 드링크

A : 커피 주세요.
keopi juseyo
Coffee, please.
커피, 플리즈

계산을 부탁합니다.
gyesaneul butakamnida
Check, please.
첵, 플리즈

부탁이 있는데요.
butagi inneundeyo
Could you do me a favor?
쿠쥬 두 미 어 훼이버
*보다 공손한 표현으로는 May I ask a favor of you?라고 한다.

도와주시겠습니까?
dowajusigetseumnikka
Can you help me?
캔유 헬프 미

이걸 하나 주세요.
igeol hana juseyo
Can I have a this one?
캔아이 해버 디스 원

지금 어디에 있는지 가르쳐 주세요.
jigeum eodie inneunji gareucheo juseyo
Could you show me where I am now?
쿠쥬 쇼우 미 웨어 아이 엠 나우

주문 부탁합니다.
jumun butakamnida
Order, please.
오더, 플리즈

맥주를 주시겠어요?
maekjureul jusigesseoyo
Can I have a beer?
캔아이 해버 비어

이걸 주세요.
igeol juseyo
I'll take it.
아일 테이킷

그 사무실까지 태워주시겠어요?
geu samusilkkaji taewojusigesseoyo
Would you drive(take) me to the office?
우쥬 드라이브(테익) 미 투 더 오피스
* Would you drop me off at the office?는 특정한 곳에 내려달라는 표현이다.

UNIT 11

허락에 관한 표현

우리와는 습관이나 매너가 다른 나라를 여행할 때 허락을 구하거나 가능성을 묻거나 하는 장면이 많습니다. 특히 서구에서는 '금연'으로 지정된 장소가 늘고 있기 때문에 담배를 피울 때는 May I smoke?라고 묻고 나서 피우도록 합시다. Can I ~?는 May I ~?와 거의 같은 뉘앙스로 쓸 수 있습니다. Do you mind if I ~? / Is it all right if ~? 따위의 표현은 공손한 표현법이라고 할 수 있습니다.

Q : 사진을 찍어도 됩니까?
sajineul jjigeodo doemnikka

May I take a picture here?
메아이 테이커 픽쳐 히어

A : 예, 괜찮습니다.
ye, gwaenchanseumnida

Yes, you may.
예스, 유 메이

여기에 앉아도 됩니까?
yeogie anjado doemnikka

May I sit here?
메아이 씻 히어

* 자리에 앉기 전에 Is this seat taken?(자리가 비어 있나요?)라는 말을 먼저 건네도록 하자.

안으로 들어가도 되겠습니까?
aneuro deureogado doegetseumnikka

May I come in?
메아이 커민

여기서 담배를 피워도 됩니까?
yeogiseo dambaereul piwodo doemnikka

May I smoke here?
메아이 스목 히어

창문을 열어도 되겠습니까?
changmuneul yeoreodo doegetseumnikka

May I open the window?
메아이 오픈 더 윈도우

잠깐 여쭤도 될까요?
jamkkan yeojjwodo doelkkayo

May I ask you something?
메아이 애스큐 썸씽

방을 봐도 되겠습니까?
bangeul bwado doegetseumnikka

Can I see the room?
캔아이 씨 더 룸

이것을 가져가도 됩니까?
igeoseul gajeogado doemnikka

Can I take this?
캔아이 테익 디스

카드로 지불해도 됩니까?
kadeuro jibulhaedo doemnikka

Can I pay in credit card?
캔아이 페이 인 크레딧 카드

담배를 피워도 괜찮겠습니까?
dambaereul piwodo gwaenchanketseumnikka?

Do you mind if I smoke?
두 유 마인 이퐈이 스목

* 이에 대해 허가하는 답변으로 No, I don't mind.라고 한다.

UNIT 12

긴급상황 시의 표현

여행지에서 곤란한 상황에 부닥치거나 하면 우선 옆에 있는 사람에게 곤란한 상황을 전하거나 도움을 요청하도록 합시다. 그러면 해결의 실마리를 찾을 수 있을 겁니다.

여기에 적힌 회화 예문은 가장 필요한 것만을 모은 것으로, 가능하면 모두 암기해서 여행을 떠나도록 합시다.

Q : 급합니다.
geupamnida
I'm in a hurry.
아임 이너 허리

A : 최선을 다하겠습니다.
choeseoneul dahagetseumnida
I'll do my best.
아윌 두 마이 베슷

긴급사태입니다.
gingeupsataeimnida
I have an emergency.
아이 해번 이머젼시

도와줘요(살려줘요)!
dowajwoyo(sallyeojwoyo)
Help! / Help me!
핼프 / 핼프미

그만둬요!
geumandwoyo

Stop it!
스타빗

도둑이야, 거기 서!
dodugiya, geogi seo

Stop, thief!
스탑, 씨프

저놈 잡아라!
jeonom jabara

Get him!
게림

경찰을 불러요!
gyeongchareul bulleoyo

Call the police!
콜 더 폴리스

* Call 911.(비상전화) / Call an ambulance.(구급차)

움직이지 마!
umjigiji ma

Hold it!
홀딧

손들어!
sondeureo

Hands up!
핸즈업

여기서 나가!
yeogiseo naga

Get out of here!
게라럽 히어

기 수	
0	zero [지어로]
1	one [원]
2	two [투]
3	three [쓰리]
4	four [훠]
5	five [화이브]
6	six [씩스]
7	seven [세븐]
8	eight [에잇]
9	nine [나인]
10	ten [텐]
11	eleven [일레븐]
12	twelve [트웰브]
13	thirteen [써틴]
14	fourteen [포틴]
15	fifteen [휩틴]
16	sixteen [씩스틴]
17	seventeen [세븐틴]
18	eighteen [에이틴]
19	nineteen [나인틴]
20	twenty [트웬티]
30	thirty [써티]
40	forty [포티]
50	fifty [휩티]
60	sixty [씩스티]
70	seventy [세븐티]
80	eighty [에잇티]
90	ninety [나인티]
100	hundred [헌드러드]
1,000	thousand [싸우전드]
10,000	ten thousand [텐 싸우전드]
100,000	hundred thousand [헌드러드 싸우전드]
1,000,000	million [밀리언]

서 수	
첫 번째	first [퍼스트]
두 번째	second [쎄컨드]
세 번째	third [써드]
네 번째	fourth [훠스]
다섯 번째	fifth [휩스]
여섯 번째	sixth [씩스스]
일곱 번째	seventh [세븐스]
여덟 번째	eighth [에잇스]
아홉 번째	ninth [나인스]
열 번째	tenth [텐스]
열한 번째	eleventh [일레븐스]
열두 번째	twelfth [트웰브스]
열세 번째	thirteenth [써틴스]
열네 번째	fourteenth [포틴스]
열다섯 번째	fifteenth [휩틴스]
스무 번째	twentieth [투웨니스]
서른 번째	thirtieth [써티스]
마흔 번째	fortieth [훠티스]
쉰 번째	fiftieth [휩티스]
예순 번째	sixtieth [씩스티스]
일흔 번째	seventieth [세븐티스]
여든 번째	eightieth [에잇티스]
아흔 번째	ninetieth [나인티스]
백 번째	hundredth [헌드러드스]

그밖의 숫자	
1/2	a half [어 하프]
1/3	one third [원 써드]
1/4	a quarter [어 쿼러]
두 배	twice [트와이스]
세 배	triple [트리플]
한 번	once [원스]
두 번	twice [트와이스]
세 번	three times [쓰리 타임즈]

시 간	
시간	time [타임]
1시간	one hour [원 아워]
2시간	two hours [투 아워스]
분	minute [미닛]
초	second [세컨]
30분	half one hour [하프 언 아워]
오전	A.M. [에이엠]
오후	P.M. [피엠]
날 짜	
날짜	day [데이]
오전	morning [모닝]
오후	afternoon [애프터눈]
저녁	evening [이브닝]
밤	night [나잇]
정오	noon [누운]
오늘	today [투데이]
오늘 아침	this morning [디스 모닝]
오늘 저녁	this evening [디스 이브닝]
오늘 밤	tonight [투나잇]
어제	yesterday [예스터데이]
내일	tomorrow [터모로우]
계 절	
봄	spring [스프링]
여름	summer [써머]
가을	fall/autumn [폴/오텀]
겨울	winter [윈터]
방 향	
동쪽(의)	east(eastern) [이스트(이스턴)]
서쪽(의)	west(western) [웨스트(웨스턴)]
남쪽(의)	south(southern) [싸우쓰(써던)]
북쪽(이)	north(northern) [노쓰(노던)]

신 체

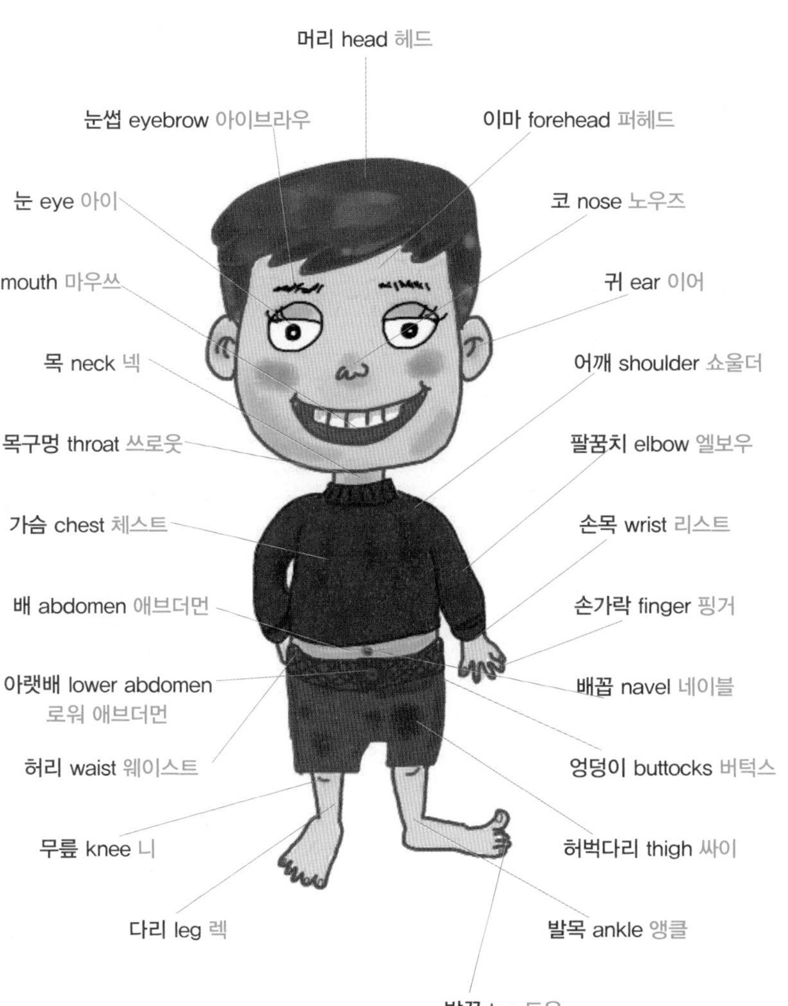
머리 head 헤드
눈썹 eyebrow 아이브라우
이마 forehead 퍼헤드
눈 eye 아이
코 nose 노우즈
mouth 마우쓰
귀 ear 이어
목 neck 넥
어깨 shoulder 쇼울더
목구멍 throat 쓰로웃
팔꿈치 elbow 엘보우
가슴 chest 체스트
손목 wrist 리스트
배 abdomen 애브더먼
손가락 finger 핑거
아랫배 lower abdomen
로워 애브더먼
배꼽 navel 네이블
허리 waist 웨이스트
엉덩이 buttocks 버턱스
무릎 knee 니
허벅다리 thigh 싸이
다리 leg 렉
발목 ankle 앵클
발끝 toe 토우

해외에서 많이 볼 수 있는 제스처

OK!

GOOD!

아뿔싸!

NO!

나가!

아무것도
없어요!

출입국

출입국에 관한 정보

출국하기 전에

여권을 자신이 직접 갖고 있는 경우는 반드시 출발 1~3일 전에 항공사나 여행사에 예약 재확인을 하고, 여행을 하고자 하는 나라의 날씨, 주의사항, 문화 등 간단한 정보를 확인해 둔다. 환전은 시내 은행이나 공항에서도 가능하며, 환전할 때는 여권이 꼭 필요하다.

출국하는 날

보통 국제선은 출발시간 2시간 전, 국내선은 1시간 전부터 출국 수속을 시작한다. 주말에는 공항이 항상 붐비고 수속이 더뎌지게 마련이므로 미리 서둘러 공항에 가는 게 좋다.

비행기의 좌석배정은 보딩패스(비행기 티켓을 좌석권으로 바꾸는 것)할 때 정해지므로 일찍 할수록 원하는 자리에 앉을 수 있다.

공항에서

짐이 많은 사람들은 내용물이 손상되지 않게 잘 포장한 다음 보딩패스를 할 때 짐을 부치고, 반드시 TAG(짐을 부칠 때 항공사에 주는 꼬리표; 보통 항공편명, 출발지, 도착지, 시간이 적혀 있음)를 받고 가방에도 이름표를 꼭 달아놓는다. 휴대한 귀중품은 세관을 통과할 때 꼭 신고하여 입국 시 문제가 발생하지 않도록 해야 한다. 기내에는 간단한 휴대용 가방만 갖고 들어갈 수 있다.

기내에서

비행기를 처음 타거나 배정된 좌석을 찾기 힘들 땐 항상 항공사 스튜어디스에게 도움을 청하면 된다. 만약 외국 비행기에 탑승했을 경우 의사소통이 어렵더라도 좌석권을 스튜어디스에게 보여 주기만 하면 직원들이 알아듣고 서비스를 제공해준다. 승무원을 호출할 때는 호출버튼을 이용한다.

스튜어디스가 나눠주는 해당 국가의 입국카드가 배포되면 승무원의 도움을 받아 기재하면 된다. 서울에서 출발하는 비행기는 외국의 비행기라도 한국인 스튜어디스나 한국어를 할 줄 아는 외국인 스튜어디스가 있다.

✹ 입국심사

도착하면 Arrival이라는 표시를 따라간다. 다른 승객도 가기 때문에 따라서 가면 된다. 입국심사 장소가 외국인(Alien)과 내국인으로 나뉘어 있고, 물론 외국인 쪽에 서야 한다.

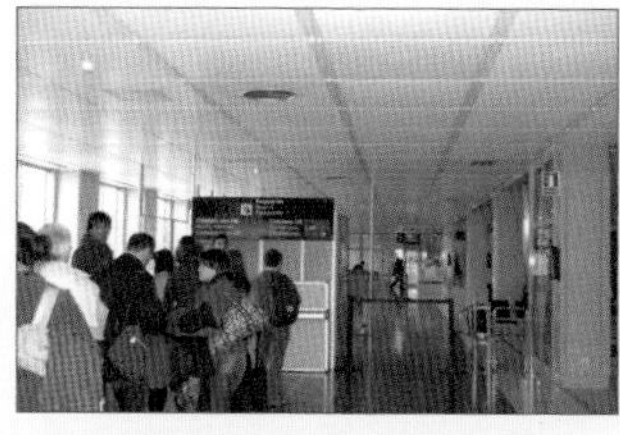

○질문은 세 가지

입국심사는 한 사람씩 심사관 앞에서 하기 때문에 긴장하는 사람도 있지만 무서워할 필요는 없다. 우선 심사관에게 '안녕하세요?' 등 밝게 인사를 하고 담당관의 안내에 따르자.

심사관은 여행자가 가지고 있는 여권과 비자, 그리고 돈은 얼마나 가지고 있는가, 그런 것을 알고 싶을 뿐이다. 그리고 세계 어느 곳을 가더라도 질문하는 것은 세 가지로 여행 목적, 체류 기간, 체류 장소이다.

✹ 세관을 통과하면서

담당자는 권총이나 마약 등 소지가 금지되어 있는 물건을 여행자가 소지하고 있는가를 조사한다. 그러므로 보통 여행자는 걱정하지 않아도 된다. 다만 비상용으로 가지고 가는 구급약(특히 분말로 된 것)은 마약은 아닐까 의심받을 수 있기 때문에 의사나 약사의 처방전을 받아두는 것이 좋다. 그밖에 한국에서 가져가는 식료품 등도 설명이 필요할지 모른다.

UNIT 01

기내에서

출국심사를 마치고 비행기에 탑승하면 이제 한국 땅을 떠나게 됩니다. 국제선의 기내는 그 항공사가 소속하는 나라의 영토 취급을 받게 됩니다.
한국 출발의 항공회사(airline / carrier)의 편(flight)에는 대개 한국인 승무원이 탑승하고 있어서 말이 통하지 않아도 큰 불편은 없습니다.

[________________ 을(를) 주세요.
eul(reul) juseyo

________________ , please.
플리즈]

□ 커피	keopi	coffee	커피
□ 차	cha	tea	티
□ 오렌지주스	orenjijuseu	orange juice	오렌지 쥬스
□ 맥주	maekju	a beer	어 비어

Q : (탑승권을 보이며) 제 좌석은 어디인가요?
je jwaseogeun eodiingayo

Where's my seat?
웨어즈 마이 씻

A : 이쪽 통로입니다.
ijjok tongnoimnida

In this aisle.
인 디스 아일

좌석을 찾을 때

✈ (탑승권을 보이며) 12B 좌석은 어디입니까?
12B jwaseogeun eodiimnikka

Where is seat 12(twelve) B?
웨어리즈 씻 트웰브 비

✈ 여기는 제 자리인데요.
yeogineun je jariindeyo

I think this is my seat.
아이 씽크 디씨즈 마이 씻

✈ 여기에 앉아도 되겠습니까?
yeogie anjado doegetseumnikka

Can I sit here?
캔아이 씻 히어
*일반적으로 Excuse me. Is this seat taken?이라고 표현한다.

✈ (옆 사람에게) 자리를 바꿔 주시겠습니까?
jarireul bakkwo jusigetseumnikka

Could I change seats?
쿠다이 체인쥐 씻츠

✈ 저기 빈자리로 옮겨도 되겠습니까?
jeogi binjariro omgyeodo doegetseumnikka

Could I move to an empty seat over there?
쿠다이 무브 투 언 앰티 씻 오버 데어

✈ 잠깐 지나가도 될까요?
jamkkan jinagado doelkkayo

May I go through?
메아이 고 쓰루

기내 서비스를 받을 때

✈ 음료는 뭐가 좋겠습니까? *어떤 음료로 드시겠어요?
eumnyoneun mwoga joketseumnikka

What would you like to drink?
왓 우쥬 라잌 투 드링

✈ 어떤 음료가 있습니까?
eotteon eumnyoga itseumnikka

What kind of drinks do you have?
왓 카인업 드링스 두 유 해브

✈ 콜라는 있습니까?
kollaneun itseumnikka

Do you have coke?
두 유 해브 코욱

✈ 맥주를 주시겠습니까?
maekjureul jusigetseumnikka

Can I have a beer?
캔아이 해버 비어

✈ 베개와 모포를 주세요.
begaewa moporeul juseyo

May I have a pillow and a blanket, please.
메아이 해버 필로우 앤더 브랭킷, 플리즈

✈ 한국어 신문(잡지)은 있습니까?
hangugeo sinmun(japji)eun itseumnikka

Do you have any Korean newspapers(magazines)?
두 유 해브 애니 코리언 뉴스페이퍼즈(메거진스)

기내식을 할 때

식사는 언제 나옵니까?
siksaneun eonje naomnikka

What time do you serve the meal?
왓 타임 두 유 써브 더 밀

소고기와 닭고기가 있는데, 어느 것으로 하시겠습니까?
sogogiwa dakgogiga inneunde, eoneu geoseuro hasigetseumnikka

Would you like beef or chicken?
우쥬 라잌 비프 오어 치킨

소고기로 주세요.
sogogiro juseyo

Beef, please.
비프, 플리즈

식사는 필요 없습니다.
siksaneun piryo eopseumnida

I don't feel like eating dinner.
아이 돈 필 라잌 이링 디너

식사는 다 하셨습니까?
siksaneun da hasyeotseumnikka

Are you through with your meal?
아유 쓰루 위듀어 밀

잘 먹었습니다.
jal meogeotseumnida

I enjoyed it. Thank you.
아이 인죠이디릿 땡큐

입국카드 작성과 면세품 구입

✈ 이것은 입국카드입니까?
igeoseun ipgukkadeuimnikka

Is this the immigration form?
이즈 디스 더 이미그레이션 훰

✈ 이 서류 작성법을 가르쳐 주시겠어요?
i seoryu jakseongbeobeul gareucheo jusigesseoyo

Could you tell me how to fill in this form?
쿠주 텔 미 하우 투 휠 인 디스 훰

✈ 기내에서 면세품을 판매합니까?
ginaeeseo myeonsepumeul panmaehamnikka

Do you sell tax-free goods on the flight?
두 유 셀 텍스-프리 굿스 온 더 플라잇

✈ 어떤 담배가 있습니까?
eotteon dambaega itseumnikka

What cigarettes do you have?
왓 시거렛츠 두 유 해브

✈ (면세품 사진을 가리키며) 이것은 있습니까?
igeoseun itseumnikka

Do you have this?
두 유 해브 디스

✈ 한국 돈은 받습니까?
hanguk doneun batseumnikka

Do you accept Korean Won?
두 유 억셉 코리언 원

몸이 불편하거나 궁금한 사항을 물을 때

✈ 비행기 멀미약은 있습니까?
bihaenggi meolmiyageun itseumnikka

Do you have a medicine for air-sickness?
두 유 해버 메더씬 훠 에어-씩니스

✈ 몸이 좀 불편합니다. 약을 주시겠어요?
momi jom bulpyeonhamnida. yageul jusigesseoyo

I feel a little sick. Can I have some medicine?
아이 필 어 리틀 씩 캔아이 해브 썸 메더씬

✈ 비행은 예정대로입니까?
bihaengeun yejeongdaeroimnikka

Is this flight on schedule?
이즈 디스 플라잇 온 스케쥴

✈ 현지시간으로 지금 몇 시입니까?
hyeonjisiganeuro jigeum myeot siimnikka

What is the local time?
와리즈 더 로컬 타임

✈ 이 서류 작성법을 가르쳐 주시겠어요?
i seoryu jakseongbeobeul gareucheo jusigesseoyo

Could you tell me how to fill in this form?
쿠쥬 텔 미 하우 투 휠 인 디스 훰

✈ 환승 시간에 늦지 않을까 걱정입니다.
hwanseung sigane neutji aneulkka geokjeongimnida

I'm anxious about my connecting flight.
아임 앵셔스 어바웃 마이 커넥팅 플라잇

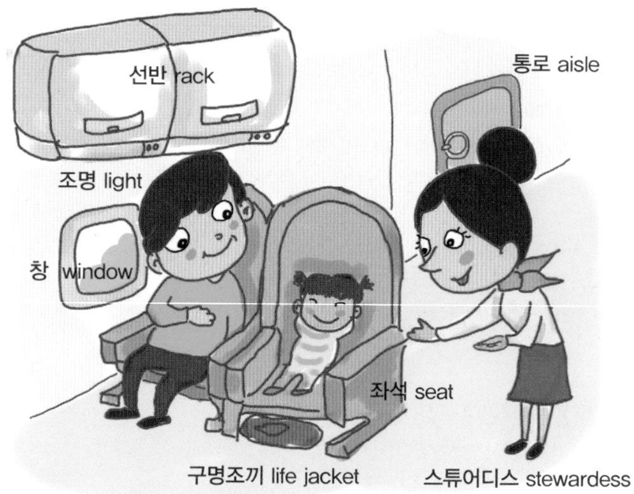

* 스튜어디스를 부를 때는 Excuse me(익스큐즈 미)라고 부릅시다.

기내에서 볼 수 있는 게시판	
NO SMOKING	금연
FASTEN BELT	안전벨트 착용
OCCUPIED	화장실 사용 중
VACANT	비어 있음
LIFE VEST UNDER YOUR SEAT	좌석 아래에 구명조끼 있음
NOT FOR DRINKING	못 마시는 물
CALL BUTTON	호출버튼
TOWEL DISPOSAL	쓰레기통

입국신고서	
성명	Name
성	Family name
이름	Given name
국적	Nationalty
생년월일	Day, Month, Year
남, 여	Male, Female
현주소	Home address
직업	Occupation
체류국의 연락처	Address in ○ ○
여권번호	Passport No.
항공기 편명	Flight No.
탑승지	Fort of Embarkation
여행목적	Purpose of visit
서명	Signature
○○체류예정기간	Entered Length of stay in ○ ○

UNIT 02

통과 · 환승

이용하는 비행기가 직항편이 아닌 경우 먼저 비행기에서 내려 대기실에 기다리는 경우가 있습니다(TRANSIT). 그 비행기를 탄 사람에게는 내리는 순간 TRANSIT PASS(통과권)를 나누어 줍니다. 이것은 다시 비행기를 탈 때 필요하므로 잘 간직하도록 합시다.

______ 은(는) 몇 시입니까?
eun(neun) myeot siimnikka

When is the ______ time?
웨니즈 더 ______ 타임

□ 탑승	tapseung	boarding	보딩
□ 이륙	iryuk	take-off	태이콥
□ 도착	dochak	arrival	어라이벌
□ 출발	chulbal	departure	디파쳐

Q : 손님의 최종 목적지는 어디입니까?
sonnimui choejong mokjeokjineun eodiimnikka
What's your final destination?
왓츄어 화이널 데스터네이션

A : 시카고입니다.
sikagoimnida
It's Chicago.
잇츠 시카고

✈ 이 공항에서 어느 정도 머뭅니까?
i gonghangeseo eoneu jeongdo meomumnikka

How long will we stop here?
하우 롱 윌 위 스탑 히어

✈ 환승 카운터는 어디입니까?
hwanseung kaunteoneun eodiimnikka

Where's the transfer counter?
웨어즈 더 트랜스훠 카운터

✈ 탑승수속은 어디서 하면 됩니까?
tapseungsusogeun eodiseo hamyeon doemnikka

Where do I check in?
웨어 두 아이 췍킨

✈ 환승까지 시간은 어느 정도 있습니까?
hwanseungkkaji siganeun eoneu jeongdo itseumnikka

How long is the layover?
하우 롱 이즈 더 레이오버

✈ 탑승은 몇 시부터입니까?
tapseungeun myeot sibuteoimnikka

When do we board?
웬 두 위 보드

✈ 대합실에 면세점은 있나요?
daehapsire myeonsejeomeun innayo

Are there any duty-free shops in the waiting room?
아 데어래니 듀티-프리 샵스 인 더 웨이링 룸

UNIT 03

입국심사

목적지 공항에 도착해서 먼저 ARRIVAL, TO THE CITY 또는 ENTRY 등의 표시를 따라 Immigration 또는 Passport Control을 향해서 가면 입국심사 카운터에 도착합니다. 기내에서 작성한 입국카드와 여권을 심사관에게 보입니다. 질문과 응답은 대부분 정해져 있으므로 성실하게 대답하면 됩니다.

약 ________________ 입니다.
yak imnida

For ________________ .
풔

- □ 1주일 iljuil one week 원 위크
- □ 10일 sibil ten days 텐 데이즈
- □ 15일 siboil fifteen days 휩틴 데이즈
- □ 1개월 ilgaewol one month 원 먼쓰

Q : 여권을 보여 주시겠어요?
yeogwoneul boyeo jusigesseoyo
May I see your passport?
메아이 씨 유어 패스폿

A : 여기 있습니다.
yeogi itseumnida
Here it is.
히어 이리즈

방문 목적을 물을 때

✈ 여권을 보여 주십시오.
yeogwoneul boyeo jusipsio

Your passport, please.
유어 패스폿, 플리즈

✈ 입국 목적은 무엇입니까?
ipguk mokjeogeun mueosimnikka

What's the purpose of your visit?
왓츠 더 퍼퍼스 업 유어 비짓

✈ 관광(사업/공부)입니다.
gwangwang(saeop/gongbu)imnida

Sightseeing(Business/Studying).
싸잇씽(비즈니스/스터딩)

✈ 얼마나 체류하십니까?
eolmana cheryuhasimnikka

How long are you staying?
하우 롱 아 유 스태잉

✈ 1주일 체류합니다.
iljuil cheryuhamnida

I'm staying for a week.
아임 스태잉 훠러 윅

체류 장소와 일정을 물을 때

✈ 어디에 머무십니까?
eodie meomusimnikka

Where are you staying?
웨어라유 스태잉

✈ ○○호텔에 머뭅니다.
○○hotere meomumnida

I'll stay at the ○○Hotel.
아일 스테이 앳 더 ○○호텔

✈ (메모를 보이며) 숙박처는 이 호텔입니다.
sukbakcheoneun i hoterimnida

I'll stay at this hotel.
아일 스테이 앳 디스 호텔

✈ (호텔은) 아직 정하지 않았습니다.
ajik jeonghaji anatseumnida

I don't know which one.
아이 돈 노우 위치 원

✈ (호텔은) 단체여행이라서 모릅니다.
dancheyeohaengiraseo moreumnida

I'm not sure, because I'm a member of group tour.
아임 낫 슈어, 비커즈 아이머 멤버럽 그룹 투어

기타 질문 사항

✈ 돌아가는 항공권은 가지고 계십니까?
doraganeun hanggonggwoneun gajigo gyesimnikka

Do you have a return ticket?
두 유 해버 리턴 티킷

✈ 네, 가지고 있습니다.
ne, gajigo itseumnida

Yes, it's right here.
예스, 잇츠 롸잇 히어

✈ **단체여행입니까?**
dancheyeohaengimnikka

Are you a member of group tour?
알 유어 멤버럽 그룹 투어

✈ **현금은 얼마나 가지고 있습니까?**
hyeongeumeun eolmana gajigo itseumnikka

How much cash do you have with you?
하우 머치 캐쉬 두 유 해브 위듀

✈ **800달러 정도입니다.**
palbaek dalleo jeongdoimnida

I have about $ 800(eight hundred dollars).
아이 해브 어바웃 에잇 헌드러드 달러즈

✈ **이 나라는 처음입니까?**
i naraneun cheoeumimnikka

Is this your first visit (here)?
이즈 디스 유어 훠슷 비짓 (히어)

✈ **네, 처음입니다.**
ne, cheoeumimnida

Yes, it is.
예스, 이리즈

✈ **됐습니다.**
dwaetseumnida

Good. Have a nice stay.
굿 해버 나이스 스테이

UNIT 04

세관검사

입국심사가 끝나면 BAGGAGE CLAIM의 표시를 따라서 갑니다. 타고 온 항공사와 편명이 표시된 턴테이블로 나오므로 그 주위에서 기다렸다 찾으면 됩니다. 짐을 찾으면 CUSTOMS의 표시를 따라 세관으로 가서 여권과 세관신고서를 담당에게 보여 주고 통과를 기다리면 됩니다.

이것은 ______________ 입니다.
igeoseun imnida

This is ______________ .
디씨즈

□ 선물	seonmul	gift	깁트
□ 개인용품	gaeinyongpum	for my personal use	훠 마이 퍼스널 유즈
□ 약	yak	medicine	메디쓴

Q : 신고할 것이 있습니까?
singohal geosi itseumnikka

Do you have anything to declare?
두 유 해브 애니씽 투 디클레어

A : 없습니다.
eopseumnida

No, I don't.
노, 아이 돈

짐을 찾을 때

✈ 짐은 어디서 찾습니까?
jimeun eodiseo chatseumnikka

Where can I get my baggage?
웨어 캔아이 겟 마이 배기쥐

✈ 이건 714편 턴테이블입니까?
igeon chirilsa pyeon teonteibeurimnikka

Is this baggage conveyer for flight 714?
이즈 디스 배기쥐 컨베이어 훠 플라잇 세븐 원 훠

✈ 714편 짐은 나왔습니까?
chirilsa pyeon jimeun nawatseumnikka

Has the baggage from flight 714 arrived?
해즈 더 배기쥐 후럼 흘라잇 세븐 원 훠 어라이브드

✈ 제 짐이 보이지 않습니다.
je jimi boiji anseumnida

I can't find my baggage.
아이 캔 화인 마이 배기쥐

✈ 이게 수화물인환증입니다.
ige suhwamurinhwanjeungimnida

Here is my claim tag.
히어리즈 마이 클레임 태그

✈ 당장 보상해 주세요.
dangjang bosanghae juseyo

Will you pay for me for a few days?
윌 유 페이 훠미 훠 어 휴 데이즈

세관검사를 받을 때

✈ **여권과 신고서를 보여 주십시오.**
yeogwongwa singoseoreul boyeo jusipsio

Your passport and declaration card, please.
유어 패스폿 앤 데클러레이션 카드, 플리즈

✈ **신고서는 가지고 있지 않습니다.**
singoseoneun gajigo itji anseumnida

I don't have a declaration card.
아이 돈 해버 데클러레이션 카드

✈ **세관신고서는 가지고 계십니까?**
segwansingoseoneun gajigo gyesimnikka

Do you have your customs declaration form?
두 유 해뷰어 커스텀즈 데클러레이션 훰

✈ **신고할 것은 있습니까?**
singohal geoseun itseumnikka

Do you have anything to declare?
두 유 해브 애니씽 투 디클레어

✈ **개인 소지품뿐입니다.**
gaein sojipumppunimnida

I only have personal belongings.
아이 온리 해브 퍼스널 빌렁잉스

✈ **이 가방을 열어 주십시오.**
i gabangeul yeoreo jusipsio

Please open this bag.
플리즈 오픈 디스 백

✈ 내용물은 무엇입니까?
naeyongmureun mueosimnikka

What's in it?
왓츠 이닛

✈ 이건 뭡니까?
igeon mwomnikka

What's this?
왓츠 디스

✈ 친구에게 줄 선물입니다.
chinguege jul seonmurimnida

Gifts for my friends.
깁츠 훠 마이 흐렌즈

✈ 다른 짐은 있나요?
dareun jimeun innayo

Do you have any other baggage?
두 유 해브 애니 아더 배기쥐

✈ 이건 과세 대상이 됩니다.
igeon gwase daesangi doemnida

You have to pay duty on it.
유 해브 투 페이 듀티 오닛

✈ 과세액은 얼마입니까?
gwaseaegeun eolmaimnikka

How much is the duty?
하우 머치즈 더 듀티

UNIT 05

공항에서

?, i, Tourist Information 등으로 표시된 공항 로비의 안내소에는 무료 지도, 관광 가이드나 호텔 가이드 등의 팸플릿이 준비되어 있습니다. 시내의 교통수단, 호텔이 위치한 장소나 택시 요금 등 필요한 정보를 모으도록 합시다. 대형 공항에는 호텔 예약, 렌터카 등의 별도의 부스가 있기도 합니다.

______ 은(는) 어디에 있습니까?
eun(neun) eodie itseumnikka

Where is the ______ ?
웨어리즈 더

□ 안내소	annaeso	information	인훠메이션
□ 환전소	hwanjeonso	exchange	익스체인쥐
□ 화장실	hwajangsil	rest room	레슷 룸
□ 택시정류장	taeksijeongnyujang	taxi stand	택시 스탠드

Q : 어디에서 환전을 합니까?
eodieseo hwanjeoneul hamnikka
Where can I exchange money?
웨어 캔아이 익스체인쥐 머니

A : '환전'이라고 써진 곳으로 가십시오.
'hwanjeon'irago sseojin goseuro gasipsio
Go to 'Currency Exchange.'
고 투 '커런시 익스체인쥐'

환전을 할 때

이걸 환전해 주시겠어요?
igeol hwanjeonhae jusigesseoyo
Could you exchange this?
쿠쥬 익스체인쥐 디스

여행자수표를 현금으로 바꿔 주세요.
yeohaengjasupyoreul hyeongeumeuro bakkwo juseyo
Please cash these traveler's checks.
플리즈 캐쉬 디즈 트래벌러즈 첵스

잔돈도 섞어 주세요.
jandondo seokkeo juseyo
I'd like some small change.
아이드 라익 썸 스몰 체인쥐

계산이 틀린 것 같은데요.
gyesani teullin geot gateundeyo
I think the amount is incorrect.
아이 씽 디 어마운티즈 인컬렉

수수료는 얼마입니까?
susuryoneun eolmaimnikka
How much is your commission?
하우 머치즈 유어 커미션

계산서를 주시겠어요?
gyesanseoreul jusigesseoyo
May I have a receipt?
메아이 해버 리씻

관광안내소에서

✈ **관광안내소는 어디에 있습니까?**
gwangwangannaesoneun eodie itseumnikka

Where is the tourist information center?
웨어리즈 더 투어리슷 인훠메이션 쎄너

✈ **시가지도와 관광 팸플릿을 주시겠어요?**
sigajidowa gwangwang paempeulliseul jusigesseoyo

Can I have a city map and tourist brochure?
캔아이 해버 씨티 맵 앤 투어리슷 브로슈어

* 관광지의 관광안내소에서 guide book(안내 책자), pamphlet(팸플릿) 따위를 활용하면 된다.

✈ **매표소는 어디에 있습니까?**
maepyosoneun eodie itseumnikka

Where is the ticket office?
웨어리즈 더 티킷 오휘스

✈ **출구는 어디입니까?**
chulguneun eodiimnikka

Where is the exit?
웨어리즈 디 엑싯

✈ **호텔 리스트는 있습니까?**
hotel riseuteuneun itseumnikka

Do you have a hotel list?
두 유 해버 호텔 리슷

✈ **여기서 렌터카를 예약할 수 있습니까?**
yeogiseo renteokareul yeyakal su itseumnikka

Can I reserve a rental car here?
캔아이 리저버 렌탈 카 히어

호텔을 찾을 때

✈ 여기서 호텔을 예약할 수 있습니까?
yeogiseo hotereul yeyakal su itseumnikka

Can I reserve a hotel here?
캔아이 리저버 호텔 히어

✈ 시내 호텔을 예약해 주시겠어요?
sinae hotereul yeyakae jusigesseoyo

Could you reserve a hotel in the city?
쿠쥬 리저버 호텔 인 더 씨티

✈ 어떤 호텔을 찾으십니까?
eotteon hotereul chajeusimnikka

What kind of hotel are you looking for?
왓 카인덥 호텔 아 유 룩킹 훠

✈ 번화가에 가까운 호텔을 부탁합니다.
beonhwagae gakkaun hotereul butakamnida

One near downtown, please.
원 니어 다운타운, 플리즈

✈ 역에서 가까운 호텔을 부탁합니다.
yeogeseo gakkaun hotereul butakamnida

I'd like a hotel close to the station.
아이드 라이커 호텔 클로우즈 투 더 스테이션

✈ 그 호텔은 어디에 있습니까?
geu hotereun eodie itseumnikka

Where's the hotel?
웨어즈 더 호텔

UNIT **06**

시내로 이동

공항의 포터에게 지불하는 것은 팁이 아니라 포터 요금으로 정해진 규정 요금입니다. 괜찮다면 다소 팁을 주는 것도 좋겠습니다.
시내와 공항을 직접 연결하는 전용 버스 이외에 지하철, 버스, 택시 등의 교통수단이 있습니다.

[________ (으)로 가 주세요.
(eu)ro ga juseyo

________ , please.
플리즈]

□	○○호텔	○○hotel	○○ Hotel	○○호텔
□	시내	sinae	downtown	다운타운
□	○○역	○○yeok	○○ Station	○○스테이션
□	○○박물관	○○bangmulgwan	○○ museum	○○뮤지엄

Q : 어디서 택시를 탑니까?
eodiseo taeksireul tamnikka
Where can I get a taxi?
웨어 캔아이 게러 택시

A : 바로 앞쪽에 택시 정류장이 있습니다.
baro apjjoge taeksi jeongnyujangi itseumnida
There's a taxi stand up ahead.
데어저 택시 스탠덥 어헤드

포터

✈ 포터를 찾고 있습니다.
poteoreul chatgo itseumnida

I'm looking for a porter.
아임 룩킹 훠러 포터

✈ 포터를 불러 주세요.
poteoreul bulleo juseyo

Please get me a porter.
플리즈 겟 미 어 포터

✈ 이 짐을 택시 승강장까지 옮겨 주세요.
i jimeul taeksi seunggangjangkkaji omgyeo juseyo

Please take this baggage to the taxi stand.
플리즈 테익 디스 배기쥐 투 더 택시 스탠드

✈ 이 짐을 버스정류소까지 옮겨 주세요.
i jimeul beoseujeongnyusokkaji omgyeo juseyo

Please take this baggage to the bus stop.
플리즈 테익 디스 배기쥐 투 더 버쓰탑

✈ 카트는 어디에 있습니까?
kateuneun eodie itseumnikka

Where are the baggage carts?
웨어라 더 배기쥐 카츠

✈ 짐을 호텔로 보내 주세요.
jimeul hotello bonae juseyo

Please deliver the baggage to my hotel.
플리즈 딜리버 더 배기쥐 투 마이 호텔

택시

✈ **택시 승강장은 어디입니까?**
taeksi seunggangjangeun eodiimnikka

Where is the taxi stand?
웨어리즈 더 택시 스탠드

✈ **어디서 택시를 탑니까?**
eodiseo taeksireul tamnikka

Where can I get a taxi?
웨어 캔아이 게러 택시

✈ **어디까지 가십니까?**
eodikkaji gasimnikka

Where are you going?
웨어라 유 고잉

✈ **○○호텔로 가 주세요.**
○○hotello ga juseyo

To ○○Hotel, please.
투 ○○ 호텔, 플리즈

✈ **(주소를 보이며) 이곳으로 가 주세요.**
igoseuro ga juseyo

Take me to this address, please.
테익 미 투 디스 어드레스, 플리즈

✈ **짐을 트렁크에 넣어 주세요.**
jimeul teureongkeue neoeo juseyo

Please put my baggage in the trunk.
플리즈 풋 마이 배기쥐 인 더 트렁크

버스

시내로 가는 가장 빠른 교통수단은 무엇입니까?
sinaero ganeun gajang ppareun gyotongsudaneun mueosimnikka

What's the fastest way to downtown?
왓츠 더 훼스티스트 웨이 투 다운타운

시내로 가는 가장 싼 교통수단은 무엇입니까?
sinaero ganeun gajang ssan gyotongsudaneun mueosimnikka

What's the cheapest way to downtown?
왓츠 더 칩피스트 웨이 투 다운타운

시내로 가는 버스는 있습니까?
sinaero ganeun beoseuneun itseumnikka

Is there a bus going downtown?
이즈 데어러 버스 고잉 다운타운

매표소는 어디입니까?
maepyosoneun eodiimnikka

Where is the ticket office?
웨어리즈 더 티킷 오피스

시간은 어느 정도 걸립니까?
siganeun eoneu jeongdo geollimnikka

How long does it take to get there?
하우 롱 더짓 테익 투 겟 데어

도착하면 알려 주시겠어요?
dochakamyeon allyeo jusigesseoyo

Could you tell me when we get there?
쿠쥬 텔 미 웬 위 겟 데어

공항에서 볼 수 있는 게시판	
DEPARTURE GATE	출발입구
ARRIVAL GATE	도착입구
BOARDING GATE	탑승입구
NOW BOARDING	탑승 수속 중
ON TIME	정각에
DELAYED	지연
CONNECTING FLIGHT	환승 비행기
STAND BY	공석 대기
EXCHANGE / MONEY EXCHANGE	환전소
DOMESTIC	국내선

PART 3

숙박

Unit 01 호텔 예약
Unit 02 호텔 체크인
Unit 03 룸서비스
Unit 04 호텔시설 이용하기
Unit 05 호텔에서의 전화 · 우편
Unit 06 호텔에서의 트러블
Unit 07 체크아웃

숙박에 관한 정보

호텔 예약

시즌 중 유명관광지가 아니면 방을 구하는 것은 그리 어렵지 않다. 현지에 빨리 도착해서 호텔을 찾으면 OK.

그러나 시즌 중에는 출발하기 전에 예약해 두는 것이 좋다. 체크인도 그리 늦지 않게 하는 것이 좋다. 시즌 중에는 해약을 생각해서 여분으로 예약을 받아두는 경우가 있다. 즉 이중 예약이다. 그래서 연락도 없이 체크인을 늦게 하면 예약을 취소당해 낭패를 보는 경우가 있다.

호텔에서

비싼 물건이 들어 있는 가방은 직접 휴대하여 방이 배정될 때까지 로비에서 기다린다. 귀중품 도난 방지를 위해 안전금고를 이용하며, 호텔에서 또는 시내에서 한국으로 전화하는 요령을 알아둔다.

호텔방에서

각종 전자제품 및 욕실용품 등의 작동요령을 알아둔다(특히, 전기 전압 등). 호텔의 욕실들은 일반 가정처럼 바닥에 하수구멍이 없어서 욕조 안에서 샤워를 한다. 이럴 경우는 바닥에 물이 흐르지 않도록 커튼을 이용한다. 대부분의 호텔방문은 자동으로 잠기므로 잠깐 동행인의 옆방에 들르더라도 반드시 방 키를 소지해야 한다. 참고로 호텔방 베란다 문도 자동으로 잠기는 경우가 많으니 베란다에 갇혀 밤새 시멘트 바닥에서 고생하는 일이 없도록 주의하자.

팁(tip)

개인적으로 주문하거나 또는 시설을 이용할 때 발생되는 비용의 10~15% 정도를 팁으로 추가 지불하는 것이 상례이다. 또, 현지 안내원이나 운전사의 성실도에 따라서 일정액의 팁을 줌으로써 더 적극적인 서비스를 기대할 수 있다.

외출할 때

외출할 때는 인솔자나 현지 안내원에게 행선지와 연락처를 남기고 행동하며, 호텔의 이름과 주소가 적혀 있는 호텔카드나 호텔 성냥갑, 또는 명함을 소지해야 호텔로 돌아올 때 어려움을 겪지 않는다.

나중에 택시를 타더라도 호텔카드 따위를 운전사에게 보여주면 언어소통 문제없이 호텔로 돌아올 수 있다.

호텔에서의 매너

호텔 복도는 바깥 거리와 똑같이 생각해야 한다. 파자마 차림으로 돌아다니는 것은 창피한 일이다. 밤늦게 술에 취해 큰소리로 노래를 부르며 다니는 것도 삼가야 한다. 서구에서는 종업원과 손님, 그리고 손님들 간에도 만나면 "Hi!"라고 기분 좋게 인사하는 것이 매너이다.

호텔에서의 안전대책

외출했다가 돌아왔을 때 프런트에서 이름과 방번호를 큰 소리로 외쳐서는 안 된다. 어디서 누가 듣고 있는지 모른다. 타인에게 이름이나 방번호를 기억시키는 것은 그다지 좋은 일은 아니다. 그리고 문을 누가 두드렸을 때 확인 없이 문을 열어주어서는 안 된다. 들여다보는 구멍으로 확인하고 방문걸이 줄을 풀지 않은 상태로 연다. 이것이 해외에서 호텔 방문을 올바르게 여는 방법이다.

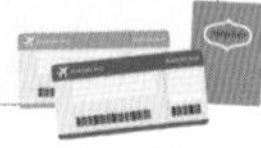

UNIT 01

호텔 예약

호텔을 현지에서 찾을 때는 공항이나 시내의 관광안내소(Tourist Information)에서 물어보도록 합시다. 예약을 해주는 곳도 있기는 하지만, 우선 가능하면 한국에서 출발하기 전에 예약을 해두는 것이 좋습니다. 예약할 때는 요금, 입지, 치안 등을 고려해서 정하도록 합시다.

_______________ (으)로 부탁합니다.
(eu)ro butakamnida

I'd like a _______________ .
아이드 라이커

□ 싱글 룸	singgeul rum	single room	싱글 룸
□ 트윈 룸	teuwin rum	twin room	트윈 룸
□ 더블 룸	deobeul rum	double room	더블 룸
□ 욕실이 있는 방	yoksiri inneun bang	room with a bath	룸 위더 배쓰

Q : 오늘 밤, 빈방 있습니까?
oneul bam, binbang itseumnikka
Do you have a room for tonight?
두 유 해버 룸 훠 투나잇

A : 몇 분이십니까?
myeot bunisimnikka
For how many of you?
훠 하우 메니 업 유

안내소에서

✈ 여기서 호텔 예약할 수 있습니까?
yeogiseo hotel yeyakal su itseumnikka

Can I make a reservation here?
캔아이 메이커 레저베이션 히어

✈ 어떤 방이 좋겠습니까?
eotteon bangi joketseumnikka

What type of room would you like?
왓 타입 업 룸 우쥬 라잌

✈ 역까지 데리러 옵니까?
yeokkkaji derireo omnikka

Could you pick me up at the station?
쿠쥬 픽 미 업 앳 더 스테이션

✈ 공항까지 데리러 옵니까?
gonghangkkaji derireo omnikka

Could you pick me up at the airport?
쿠쥬 픽 미 업 앳 더 에어폿

✈ 그 호텔은 어디에 있습니까?
geu hotereun eodie itseumnikka

Where is the hotel located?
웨어리즈 더 호텔 로우케이리드

✈ 다른 호텔을 소개해 주십시오.
dareun hotereul sogaehae jusipsio.

Could you tell me where another hotel is?
쿠쥬 텔 미 웨어 어나더 호텔 이즈

전화로 예약할 때

오늘 밤, 빈방 있습니까?
oneul bam, binbang itseumnikka

Do you have any vacancies tonight?
두 유 해버니 베이컨시즈 투나잇

숙박요금은 얼마입니까?
sukbagyogeumeun eolmaimnikka

How much is the room charge?
하우 머치즈 더 룸 차지

1박에 얼마입니까?
ilbage eolmaimnikka

How much for one night?
하우 머치 훠 원 나잇

요금에 조식은 포함되어 있나요?
yogeume josigeun pohamdoeeo innayo

Does the room charge include breakfast?
더즈 더 룸 차지 인클루드 블렉훠슷

봉사료와 세금은 포함되어 있습니까?
bongsaryowa segeumeun pohamdoeeo itseumnikka

Does it include service charge and tax?
더짓 인클루드 써비스 챠지 앤 택스

예약을 하고 싶은데요.
yeyageul hago sipeundeyo

I'd like to make a reservation.
아이드 라잌 투 메이커 레저베이션

✈ 몇 박을 하실 겁니까?
myeot bageul hasil geomnikka

How long would you like to stay?
하우 롱 우쥬 라잌 투 스테이

✈ 오늘 밤부터 2박 할 겁니다.
oneul bambuteo ibak hal geomnida

I'll stay two nights.
아일 스테이 투 나잇츠

✈ 더블 룸으로 부탁합니다.
deobeul rumeuro butakamnida

A double room, please.
어 더블 룸, 플리즈

✈ 욕실이 있는 방으로 부탁합니다.
yoksiri inneun bangeuro butakamnida

I'd like a room with a bath.
아이드 라이커 룸 위더 배쓰

✈ 선불인가요?
seonburingayo

Do you need a deposit?
두 유 니더 디파짓

✈ 홍길동입니다. 스펠링은 HONG KILDONG입니다.
honggildongimnida. seupellingeun HONG KILDONGimnida

My name is Kil-dong Hong.
마이 네임 이즈 길동 홍

The spelling is KIL-DONG HONG.
더 스펠링 이즈 KIL-DONG HONG

호텔 스텝의 역할

❶ 회계 – 요금 정산, 환전, 금고 관리	cashier 캐쉬어
❷ 레지스트레이션 – 체크인, 체크아웃	registration 레저스트레이션
❸ 접수 – 룸키, 메시지	reception 리셉션
❹ 안내 – 극장, 식당 등의 안내 및 예약, 관광 상담, 편지나 메시지 취급	information 인훠메이션
❺ 포터 – 차에서 프런트까지 짐 운반	porter 포터
❻ 도어맨 – 현관에서 숙박객의 송영	doorman 도어맨
❼ 벨캡틴 – 벨보이 책임자	bell captain 벨 캡틴
❽ 벨보이 – 로비와 객실간의 짐 운반 등	bellboy 벨보이
❾ 보이 – 룸서비스 운반	valet 밸릿
❿ 룸메이드 – 침대 정리나 방 청소	room maid 룸 메이드

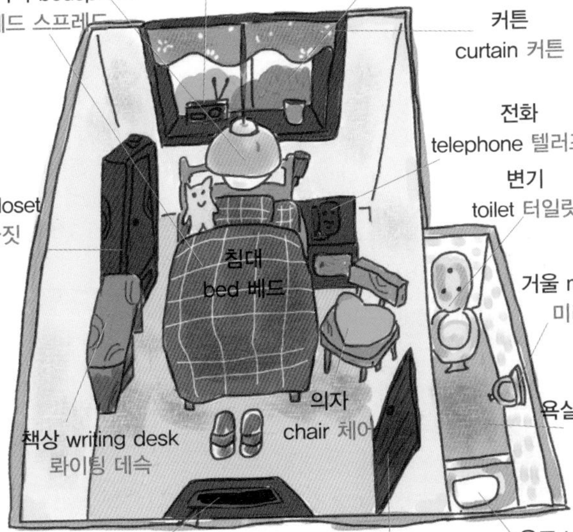
조명
light 라잇
라디오
radio 레이디오
창
window 윈도우
침대커버 bedspread
베드 스프레드
커튼
curtain 커튼
전화
telephone 텔러포운
변기
toilet 터일릿
옷장 closet
클라짓
침대
bed 베드
거울 mirror
미러
의자
chair 체어
욕실 bathroom
배쓰룸
책상 writing desk
롸이팅 데슥
욕조 bathtub
배쓰터브
문 door 도어
텔레비전
television 텔러비전
편지지, 문구 stationery
스테이셔너리

DO NOT
DISTURB

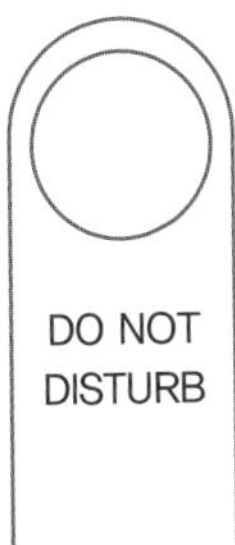

문의 손잡이에 거는 카드

DO NOT DISTURB
방해하지 마세요

PLEASE MAKE UP
방을 청소해 주세요

UNIT 02

호텔 체크인

호텔의 체크인 시각은 보통 오후 2시부터입니다. 호텔 도착 시간이 오후 6시를 넘을 때는 예약이 취소되는 경우도 있으므로 늦을 경우에는 호텔에 도착시간을 전화로 알려두는 것이 좋습니다. 방의 형태, 설비, 요금, 체류 예정 등을 체크인할 때 확인하도록 합시다.

_______________ (으)로 부탁합니다.
(eu)ro butakamnida

I'd like a _______________ .
아이드 라이커

- □ 조용한 방 joyonghan bang peaceful room 피스훨 룸
- □ 더 좋은 deo joeun better room 배러 룸
- □ 전망이 좋은 방 jeonmangi joeun bang room with a nice view 룸 위더 나이스 뷰

Q : 안녕하세요. 어서 오십시오.
annyeonghaseyo. eoseo osipsio
Hi. May I help you?
하이 메아이 핼퓨

A : 체크인 해 주세요.
chekeuin hae juseyo
I'd like to check in, please.
아이드 라잌 투 첵킨, 플리즈

프런트에서 체크인할 때

예약은 하셨습니까?
yeyageun hasyeotseumnikka

Did you have a reservation?
디쥬 해버 레저베이션

예약했습니다.
yeyakaetseumnida

I have a reservation.
아이 해버 레저베이션

확인서는 여기 있습니다.
hwaginseoneun yeogi itseumnida

Here is my confirmation slip.
히어리즈 마이 컨훠메이션 슬립

예약은 한국에서 했습니다.
yeyageun hangugeseo haetseumnida

I made one from Korea.
아이 메이드 원 후럼 코리어

아직 예약을 하지 않았습니다.
ajik yeyageul haji anatseumnida.

I haven't made a reservation.
아이 해븐 메이더 레저베이션

오늘 밤 빈방은 있습니까?
oneul bam binbangeun itseumnikka

Can I get a room for tonight?
캔아이 게러 룸 훠 투나잇

✈ 성함을 말씀하십시오.
seonghameul malsseumhasipsio

May I have your name?
메아이 해뷰어 네임

✈ 숙박 쿠폰을 가지고 있습니다.
sukbak kuponeul gajigo itseumnida

I have a travel agency coupon.
아이 해버 트래벌 에이전시 쿠펀

✈ 조용한 방으로 부탁합니다.
joyonghan bangeuro butakamnida

I'd like a quiet room.
아이드 라이커 콰이엇 룸

✈ 전망이 좋은 방으로 부탁합니다.
jeonmangi joeun bangeuro butakamnida

I'd like a room with a nice view.
아이드 라이커 룸 위더 나이스 뷰

✈ 방을 보여 주세요.
bangeul boyeo juseyo

May I see the room?
메아이 씨 더 룸

✈ 좀 더 좋은 방은 없습니까?
jom deo joeun bangeun eopseumnikka

Do you have anything better?
두 유 해브 애니씽 배러

✈ 좀 더 큰 방으로 바꿔 주시겠어요?
jom deo keun bangeuro bakkwo jusigesseoyo

Could you give me a larger room?
쿠쥬 기브 미 어 라저 룸

이 방으로 하겠습니다.
i bangeuro hagetseumnida

I'll take this room.
아일 테익 디스 룸

숙박카드에 기입해 주십시오.
sukbakkadeue giipae jusipsio

Please fill out the registration card.
플리즈 휠 아웃 더 레지스트레이션 카드

이게 방 열쇠입니다.
ige bang yeolsoeimnida

Here is your room key.
히어리즈 유어 룸 키

귀중품을 보관해 주시겠어요?
gwijungpumeul bogwanhae jusigesseoyo

Can you keep my valuables?
캔유 킵 마이 벨류어블즈

벨보이가 방으로 안내하겠습니다.
belboiga bangeuro annaehagetseumnida

The bellboy will show you your room.
더 벨보이 윌 쇼우 유 유어 룸

짐을 방까지 옮겨 주겠어요?
jimeul bangkkaji omgyeo jugesseoyo

Could you bring my baggage?
쿠쥬 브링 마이 배기쥐

여기가 손님방입니다.
yeogiga sonnimbangimnida

This is your room.
디씨즈 유어 룸

숙박카드

	HILL HOTEL GUEST REGISTRATION		
성명	Full name Last	First	Middle
자택주소 전화번호	Home Address:		Tel :
여권번호 국적, 나이	Passport No:	Nationality:	Age:
차번호	License Plate Number:		
자동차 메이커 자동차 모델명 연식	Make:	Model:	Year:
서명	Signature:		
호텔 측 기입사항	Method of Payment: □Cash □Credit Card □Other	$	Arrival Date: Departure Date: Room No:
	All of at the Hill Hotel are grateful for your patronage.		

체크인 트러블

✈ 다시 한번 확인해 주시겠어요?

dasi hanbeon hwaginhae jusigesseoyo

Would you check again?

우쥬 첵 어게인

* 흔히 예약 사항을 재확인할 경우에 I'd like to reconfirm my reservation.이라는 표현을 활용하면 된다. 특히 항공편은 my flight을 사용하면 된다.

✈ (늦을 경우) 8시에 도착할 것 같습니다.

yeodeolsie dochakal geot gatseumnida

I'll arrive at your hotel at eight.

아일 어라이브 앳 유어 호텔 앳 에잇

✈ 예약을 취소하지 마세요.

yeyageul chwisohaji maseyo

Please don't cancel my reservation.

플리즈 돈 캔쓸 마이 레저베이션

✈ (예약되어 있지 않을 때) 다시 한번 제 예약을 확인해 주십시오.

dasi hanbeon je yeyageul hwaginhae jusipsio

Check my reservation again, please.

첵 마이 레저베이션 어게인, 플리즈

✈ 방을 취소하지 않았습니다.

bangeul chwisohaji anatseumnida

I didn't cancel the room.

아이 디든 캔쓸 더 룸

✈ 다른 호텔을 찾아주시겠습니까?

dareun hotereul chajajusigetseumnikka

Would you refer me to another hotel?

우쥬 리훠 미 투 어나더 호텔

UNIT 03

룸서비스

방에 도착하면 짐을 가져다준 보이에게 팁을 줍니다. 방의 설비에 대해서 모르는 점이 있으면 그때 물어보도록 합시다. 요즘 호텔은 자동으로 모닝콜을 하는 곳이 많습니다. 조작을 모를 때는 프런트에 연락을 하고, 서구의 호텔 방에는 슬리퍼가 없으므로 준비해 가도록 합시다.

__________ 가져와주세요.
gajeowajuseyo

I'd like __________ .
아이드 라익

- □ 커피 두 잔 keopi du jan two coffees 투 커피즈
- □ 신문 sinmun newspaper 뉴즈페이퍼
- □ 병따개 byeongttagae a bottle opener 어 바틀 오프너
- □ 아침식사 achimsiksa breakfast 블렉훠슷

Q : 누구세요?
nuguseyo
Who is it?
후 이짓

A : 룸서비스입니다.
rumseobiseuimnida
Room service.
룸 써비스

룸서비스를 부탁할 때

✈ 룸서비스를 부탁합니다.
rumseobiseureul butakamnida

Room service, please.
룸 써비스, 플리즈

✈ 내일 아침 8시에 아침을 먹고 싶은데요.
naeil achim yeodeolsie achimeul meokgo sipeundeyo

Breakfast at 8 A.M. tomorrow morning, please.
브렉훠슷 앳 에잇 에이엠 터머로우 모닝 플리즈
*흔히 우리가 쓰는 모닝콜은 wake-up call이라고 한다.

✈ 여기는 1234호실입니다.
yeogineun cheonibaeksamsipsa hosirimnida

This is Room 1234.
디씨즈 룸 트웰브 써티 훠

✈ (노크하면) 누구십니까?
nugusimnikka

Who is it? / Who's this?
후 이짓 / 후스 디스

✈ 잠시 기다리세요.
jamsi gidariseyo

Just a moment, please.
저슷터 모먼, 플리즈

✈ 들어오세요.
deureooseyo

Please, come in.
플리즈, 커민

여러 가지 룸서비스

세탁 서비스는 있습니까?
setak seobiseuneun itseumnikka

Do you have valet service?
두 유 해브 벨잇 써비스

어느 정도 시간이 걸립니까?
eoneu jeongdo sigani geollimnikka

How long will it take?
하우 롱 윌릿 테익

도와주시겠어요?
dowajusigesseoyo

Can you give me a hand?
캔유 깁 미어 핸드

따뜻한 마실 물이 필요한데요.
ttatteutan masil muri piryohandeyo

I'd like a pot of boiled water.
아이드 라이커 팟 업 보일드 워러

모닝콜을 부탁합니다.
moningkoreul butakamnida

I'd like a wake-up call, please.
아이드 라이커 웨이컵 콜, 플리즈

몇 시에 말입니까?
myeot sie marimnikka

What time?
왓 타임

✈ 7시에 부탁합니다.
ilgopsie butakamnida

7 o'clock tomorrow morning.
세븐 어클락 터머로우 모닝

✈ 방 번호를 말씀하십시오.
bang beonhoreul malsseumhasipsio

Your room number, please.
유어 룸 넘버, 플리즈

✈ 한국으로 전화를 하고 싶은데요.
hangugeuro jeonhwareul hago sipeundeyo.

I'd like to make a phone call to Korea.
아이드 라잌 투 메이커 폰 콜 투 코리어

✈ 마사지를 부탁합니다.
masajireul butakamnida

I'd like a massage, please.
아이드 라이커 머사쥐, 플리즈

✈ 식당 예약 좀 해 주시겠어요?
sikdang yeyak jom hae jusigesseoyo

Would you make a reservation for a restaurant for me?
우쥬 메이커 레저베이션 훠러 레스터런 훠 미

✈ 이건 팁입니다.
igeon tibimnida

Here's your tip.
히어즈 유어 팁

* 일반적으로 계산을 하고 난 다음, 잔돈을 팁으로 주고자 할 때 Keep the change. 라는 표현을 사용한다.

숙박 룸서비스

UNIT

호텔시설 이용하기

호텔 내의 시설이나 설비, 서비스 내용은 체크인할 때 확인해두도록 합시다. 예약이나 트러블, 문의 사항은 대부분 프런트 데스크에 부탁하면 해결을 해주지만, 클리닝, 룸서비스 등의 내선번호는 방에 준비되어 있는 안내서에 적혀 있습니다.

호텔 안에 ________ 은(는) 있습니까?
hotel ane ________ eun(neun) itseumnikka

Do you have a ________ in the hotel?
두 유 해버 ________ 인 더 호텔

□ 선물가게	seonmulgage	gift shop	깁 샵
□ 미용실	miyongsil	hair salon	헤어 설런
□ 이발소	ibalso	barbershop	바버샵
□ 디스코	diseuko	disco	디스코

Q : 호텔에는 어떤 시설이 있습니까?
hotereneun eotteon siseori itseumnikka
What kind of facilities are there in the hotel?
왓 카인돕 훠실러티즈 아 데어린 더 호텔

A : 거의 모두 다 있습니다.
geoui modu da itseumnida
Everything you could possibly want.
애브리씽 유 쿠드 파써블리 원

시설물을 물을 때

✈ 자판기는 있습니까?
japangineun itseumnikka

Is there a vending machine?
이즈 데어러 벤딩 머신

✈ 식당은 어디에 있습니까?
sikdangeun eodie itseumnikka

Where is the dining room?
웨어리즈 더 다이닝 룸

✈ 식당은 몇 시까지 합니까?
sikdangeun myeot sikkaji hamnikka

How late is the dining room open?
하우 레이티즈 더 다이닝 룸 오픈

✈ 이 호텔에 테니스코트는 있습니까?
i hotere teniseukoteuneun itseumnikka

Is there a tennis court at this hotel?
이즈 데어러 테니스 콧 앳 디스 호텔

✈ 커피숍은 어디에 있습니까?
keopisyobeun eodie itseumnikka

Where's the coffee shop?
웨어즈 더 커피 샵

✈ 바는 언제까지 합니까?
baneun eonjekkaji hamnikka

How late is the bar room open?
하우 레이티즈 더 바 룸 오픈

✈ 이메일을 체크하고 싶은데요.
imeireul chekeuhago sipeundeyo

I want to check my e-mail.
아이 원 투 첵 마이 이메일

✈ 팩스는 있습니까?
paekseuneun itseumnikka

Do you have a fax machine?
두 유 해버 팩스 머신

✈ 복사기는 있습니까?
boksagineun itseumnikka

Do you have a duplicator?
두 유 해버 듀플리게이더

✈ 여기서 관광버스 표를 살 수 있습니까?
yeogiseo gwangwangbeoseu pyoreul sal su itseumnikka

Can I get a ticket for the sightseeing bus here?
캔아이 게러 티킷 훠 더 싸잇씽 버스 히어

✈ 계산은 방으로 해 주세요.
gyesaneun bangeuro hae juseyo

Will you charge it to my room?
윌 유 챠지 잇 투 마이 룸

세탁

✈ 세탁서비스는 있나요?
setakseobiseuneun innayo

Do you have laundry service?
두 유 해브 론드리 서비스

✈ 세탁을 부탁합니다.
setageul butakamnida

I'd like to drop off some laundry.
아이드 라잌 투 드랍 옵 썸 론드리

✈ 언제 됩니까?
eonje doemnikka

When will it be ready?
웬 윌릿 비 래디

✈ 빨리 해 주시겠어요?
ppalli hae jusigesseoyo

Could you do it as soon as possible, please?
쿠쥬 두 잇 애즈 순 애즈 파써블, 플리즈

✈ 이 얼룩을 빼 주시겠어요?
i eollugeul ppae jusigesseoyo

Can you get this stain out?
캔 유 겟 디스 스테인 아웃

✈ 이 와이셔츠를 다려 주세요.
i waisyeocheureul daryeo juseyo

I'd like these shirt pressed.
아이드 라잌 디즈 셔츠 프레스트

미용실(이발소)은 있습니까?
miyongsireun(ibalsoneun) itseumnikka
Is there a beauty salon(barbershop)?
이즈 데어러 뷰티 설런(바버샵)

오늘 오후에 예약할 수 있습니까?
oneul ohue yeyakal su itseumnikka
Can I make an appointment for the afternoon?
캔아이 메이컨 어포인먼 훠 디 앱터눈

(헤어스타일을) 어떻게 할까요?
eotteoke halkkayo
How would you like your hair?
하우 우쥬 라이큐어 헤어

샴푸와 세트를 부탁합니다.
syampuwa seteureul butakamnida
Shampoo and set, please.
섐푸 앤 셋, 플리즈

커트와 샴푸만 해 주세요.
keoteuwa syampuman hae juseyo
Haircut and shampoo, please.
헤어컷 앤 섐푸, 플리즈

가볍게 파마를 해 주세요.
gabyeopge pamareul hae juseyo
A soft permanent, please.
어 솝트 퍼머넌, 플리즈

이발소에서

✈ 커트와 면도를 부탁합니다.
keoteuwa myeondoreul butakamnida

Haircut and shave, please.
헤어컷 앤 쉐이브, 플리즈

✈ 조금만 깎아 주세요.
jogeumman kkakka juseyo

Just trim it, please.
저슷 트리밋, 플리즈

✈ 짧게 깎아 주세요.
jjalge kkakka juseyo

Cut it short, please.
커릿 숏, 플리즈

✈ 너무 짧게 하지 마세요.
neomu jjalge haji maseyo

Please don't cut it too short.
플리즈 돈 커릿 투 숏

✈ 뒤를 조금 잘라 주세요.
dwireul jogeum jalla juseyo

A little more off the back.
어 리를 모어 오프 더 백

✈ 옆을 조금 잘라 주세요.
yeopeul jogeum jalla juseyo

A little more off the sides.
어 리를 모어 오프 더 사이즈

UNIT 05

호텔에서의 전화·우편

국제전화는 호텔에서 다이얼로 직접 거는 방법 이외에 오퍼레이터를 통해서 번호지정통화, 지명통화, 컬렉트콜 등을 이용할 수 있습니다. 국제자동전화를 이용할 때는 여행국의 국제자동전화 식별번호 → 우리나라의 국가번호(82) → 국가내의 지역번호(숫자 0은 생략) → 가입자의 번호 순으로 다이얼을 돌리면 됩니다.

______ (으)로 부탁합니다.
(eu)ro butakamnida

By ______ , please.
바이 플리즈

□ 번호통화	beonhotonghwa	station-to-station call	스테이션 투 스테이션 콜
□ 지명통화	jimyeongtonghwa	person-to-person call	퍼슨 투 퍼슨 콜
□ 컬렉트콜	keollekteukol	collect call	컬렉트 콜

Q : 한국으로 전화를 하고 싶은데요.
hangugeuro jeonhwareul hago sipeundeyo
I'd like to make a phone call to Korea.
아이드 라잌 투 메이커 폰 콜 투 코리어

A : 몇 번입니까?
myeot beonimnikka
What's the number?
왓츠 더 넘버

전화를 이용할 때

(교환수) **누구를 불러 드릴까요?**
nugureul bulleo deurilkkayo
To whom are you calling?
투 훔 아 유 콜링

(교환수) **당신의 이름과 호실을 말씀하십시오.**
dangsinui ireumgwa hosireul malsseumhasipsio
Your name and room number, please.
유어 네임 앤 룸 넘버, 플리즈

(교환수) **그대로 기다리십시오.**
geudaero gidarisipsio
Hold on, please.
홀돈, 플리즈

(교환수) **전화를 끊고 기다려 주십시오.**
jeonhwareul kkeunko gidaryeo jusipsio
Please hang up and wait.
플리즈 행업 앤 웨잇

(교환수) **자 말씀하십시오.**
ja malsseumhasipsio
Go ahead, please.
고 어헤드, 플리즈

(교환수) **통화 중입니다.**
tonghwa jungimnida
The line is busy.
더 라인 이즈 비지

✈ (교환수) 응답이 없습니다.
eungdabi eopseumnida

There's no answer.
데어즈 노 앤써

✈ 외선으로 전화하려면 어떻게 하나요?
oeseoneuro jeonhwaharyeomyeon eotteoke hanayo

How do I make an outside call?
하우 두 아이 메이컨 아웃사이드 콜

✈ 방에서 한국으로 전화할 수 있나요?
bangeseo hangugeuro jeonhwahal su innayo

Can I make a call to Korea from my room?
캔아이 메이커 콜 투 코리아 후럼 마이 룸

✈ 한국으로 팩스를 보내고 싶은데요.
hangugeuro paekseureul bonaego sipeundeyo

I'd like to send a fax to Korea.
아이드 라잌 투 샌더 팩스 투 코리아

✈ (공중전화에서) 이 전화는 한국에 걸립니까?
i jeonhwaneun hanguge geollimnikka

Can I call Korea with this telephone?
캔아이 콜 코리어 위드 디스 텔러폰

✈ 전화요금은 얼마입니까?
jeonhwayogeumeun eolmaimnikka

How much was the charge?
하우 머치 워즈 더 챠지

편지를 보낼 때

이 근처에 우체국은 있습니까?
i geuncheoe uchegugeun itseumnikka

Is there a post office near here?
이즈 데어러 포슷 오피스 니어 히어

우표는 어디서 살 수 있나요
upyoneun eodiseo sal su innayo

Where can I buy stamps?
웨어 캔아이 바이 스템스

우표 자판기는 어디에 있습니까?
upyo japangineun eodie itseumnikka

Where's a stamp vending machine?
웨어저 스템 벤딩 머신

한국까지 항공편으로 보내 주세요.
hangukkkaji hanggongpyeoneuro bonae juseyo

By airmail to Korea, please.
바이 에어메일 투 코리어, 플리즈

이 소포를 한국으로 보내고 싶은데요.
i soporeul hangugeuro bonaego sipeundeyo

I'd like to send this parcel to Korea.
아이드 라잌 투 샌드 디스 파쓸 투 코리어

이 편지를 부쳐 주세요.
i pyeonjireul bucheo juseyo

Please send this letter.
플리즈 센드 디스 래러

UNIT 06

호텔에서의 트러블

호텔 방이 100% 안전하다고 과신해서는 안 됩니다. 비품이 제대로 갖추어져 있지 않거나 불의의 사고로 다치거나, 종업원을 가장해 방에 들어와 물건을 훔치는 경우도 적지 않습니다. 문제가 발생했을 때는 그냥 넘어가지 말고 반드시 프런트 데스크에 연락을 취해 해결하도록 합시다.

_______ (이)가 고장 났습니다.
(i)ga gojang natseumnida

The _______ doesn't work.
더 더즌 웍

□ 열쇠	yeolsoe	key	키
□ 에어컨	eeokeon	air-conditioner	에어 컨디셔너
□ 수도꼭지	sudokkokji	faucet	훠씻
□ 히터	hiteo	heater	히터

Q : 잠깐 와 주시겠어요?
jamkkan wa jusigesseoyo
Could you send someone up to my room?
쿠쥬 샌드 썸원 업 투 마이 룸

A : 네, 무슨 일이십니까?
ne, museun irisimnikka
Sure, what's the problem?
슈어, 왓츠 더 프라블럼

방에 들어갈 수 없을 때

✈ 마스터키를 부탁합니다.
maseuteokireul butakamnida

The master key, please.
더 마스터 키, 플리즈

✈ 열쇠가 잠겨 방에 들어갈 수 없습니다.
yeolsoega jamgyeo bange deureogal su eopseumnida

I locked myself out.
아이 락트 마이셀프 아웃

✈ 열쇠를 방에 두고 나왔습니다.
yeolsoereul bange dugo nawatseumnida

I left the key in my room.
아이 랩트 더 키 인 마이 룸

✈ 방 번호를 잊어버렸습니다.
bang beonhoreul ijeobeoryeotseumnida

I forgot my room number.
아이 훠갓 마이 룸 넘버

✈ 카드키는 어떻게 사용합니까?
kadeukineun eotteoke sayonghamnikka

How do I use the card key?
하우 두 아이 유즈 더 카드 키

✈ 복도에 이상한 사람이 있습니다.
bokdoe isanghan sarami itseumnida

There is a strange person in the corridor.
데어리저 스트레인쥐 퍼슨 인 더 코리더

방을 바꿔달라고 할 때

✈ 옆방이 무척 시끄럽습니다.
yeopbangi mucheok sikkeureopseumnida

The next room is very noisy.
더 넥슷 룸 이즈 베리 노이지

✈ (시끄러워서) 잠을 잘 수 없습니다.
jameul jal su eopseumnida

I can't sleep.
아이 캔 슬립

✈ 다른 방으로 바꿔 주시겠어요?
dareun bangeuro bakkwo jusigesseoyo

Could you give me a different room?
쿠쥬 깁 미 어 디퍼런 룸

수리를 원할 때

✈ 화장실 물이 잘 흐르지 않습니다.
hwajangsil muri jal heureuji anseumnida

This toilet doesn't flush well.
디스 토일릿 더즌 플러쉬 웰

✈ 뜨거운 물이 나오지 않는데요.
tteugeoun muri naoji anneundeyo

There's no hot water.
데어즈 노 핫 워러

✈ 물이 샙니다.
muri saemnida

The water is leaking.
디 워러 이즈 리킹

✈ 수도꼭지가 고장 났습니다.
sudokkokjiga gojangnatseumnida

The faucet is broken.
더 훠씻 이즈 브로큰

✈ 빨리 고쳐주세요.
ppalli gocheojuseyo

Could you fix it now?
쿠쥬 휙싯 나우

✈ 물이 뜨겁지 않습니다.
muri tteugeopji anseumnida

The water isn't hot enough.
더 워러 이즌 핫 이넙

청소가 안 됐거나 비품이 없을 때

✈ 방 청소가 아직 안 되었습니다.
bang cheongsoga ajik an doeeotseumnida

My room hasn't been cleaned yet.
마이 룸 해즌 빈 클린드 옛

✈ 미니바(방 냉장고)가 비어 있습니다.
minibaga bieo itseumnida

The mini-bar is empty.
더 미니-바 이즈 앰티

✈ 타월을 바꿔 주세요.
taworeul bakkwo juseyo

Can I get a new towel?
캔아이 게러 뉴 타월

UNIT 07

체크아웃

아침 일찍 호텔을 떠날 때는 가능하면 전날 밤 짐을 꾸려 다음 날 아침 짐을 가지러 오도록 미리 벨캡틴에게 부탁해두면 좋습니다. 택시를 부르거나 공항버스 시각을 알아두고 체크아웃 예약도 전날 밤 해두면 편하게 출발할 수 있습니다. 방을 나갈 때는 잃은 물건이 없는지 확인하도록 합시다.

이 ______ 은(는) 무엇입니까?
i ______ eun(neun) mueosimnikka

What is this ______ ?
왓 이즈 디스

□ 요금	yogeum	charge for	챠지 훠
□ 숫자	sutja	figure	휘겨
□ 추가요금	chugayogeum	additional charge for	어디셔널 챠지 훠

Q : 체크아웃을 부탁합니다.
chekeuauseul butakamnida
I'd like to check out now.
아이드 라잌 투 췍카웃 나우

A : 몇 호실입니까?
myeot hosirimnikka
What's your room number?
왓츄어 룸 넘버

체크아웃을 준비할 때

✈ 체크아웃은 몇 시입니까?
chekeuauseun myeot siimnikka

When is check out time?
웨니즈 첵카웃 타임

✈ 몇 시에 떠날 겁니까?
myeot sie tteonal geomnikka

What time are you leaving?
왓 타임 아 유 리빙

✈ 하룻밤 더 묵고 싶은데요.
harutbam deo mukgo sipeundeyo

I'd like to stay one more night.
아이드 라잌 투 스테이 원 모어 나잇

✈ 하루 일찍 떠나고 싶은데요.
haru iljjik tteonago sipeundeyo

I'd like to leave one day earlier.
아이드 라잌 투 리브 원 데이 어얼리어

✈ 오후까지 방을 쓸 수 있나요?
ohukkaji bangeul sseul su innayo

May I use the room till this afternoon?
메아이 유즈 더 룸 틸 디스 앱터눈

✈ 오전 10시에 택시를 불러 주세요.
ojeon yeolsie taeksireul bulleo juseyo

Please call a taxi for me at 10 A.M.
플리즈 콜어 택시 훠 미 앳 텐 에이엠

체크아웃

(전화로) 체크아웃을 하고 싶은데요.
chekeuauseul hago sipeundeyo

Check out, please.
첵카웃, 플리즈

1234호실 홍길동입니다.
cheonibaeksamsipsa hosil honggildongimnida

My name is Kil-dong Hong, Room 1234.
마이 네임 이즈 길동 홍, 룸 트웰브 써티 훠

포터를 보내 주세요.
poteoreul bonae juseyo

A porter, please.
어 포터, 플리즈

맡긴 귀중품을 꺼내 주세요.
matgin gwijungpumeul kkeonae juseyo

I'd like my valuables from the safe.
아이드 라익 마이 밸류어블즈 후럼 더 세잎

출발할 때까지 짐을 맡아 주시겠어요?
chulbalhal ttaekkaji jimeul mata jusigesseoyo

Could you keep my baggage until my departure time?
쿠쥬 킵 마이 배기쥐 언틸 마이 디파춰 타임

방에 물건을 두고 나왔습니다.
bange mulgeoneul dugo nawatseumnida

I left something in my room.
아이 랩트 썸씽 인 마이 룸

계산을 할 때

계산을 부탁합니다.
gyesaneul butakamnida

My bill, please.
마이 빌, 플리즈

* 흔히 카운터나 계산대에서 계산을 요구할 때 Check out, please. / Accounts, please. / Check, please.라는 말을 사용한다.

신용카드도 됩니까?
sinyongkadeudo doemnikka

Do you accept a credit card?
두 유 액셉터 크레딧 카드

여행자수표도 받습니까?
yeohaengjasupyodo batseumnikka

Do you accept a traveler's check?
두 유 액셉터 트래벌러즈 첵

전부 포함된 겁니까?
jeonbu pohamdoen geomnikka

Is everything included?
이즈 애브리씽 인클루딧

계산이 틀린 것 같은데요.
gyesani teullin geot gateundeyo

I think there is a mistake on this bill.
아이 씽 데어리즈 어 미스테익 온 디스 빌

고맙습니다. 즐겁게 보냈습니다.
gomapseumnida. jeulgeopge bonaetseumnida

Thank you. I enjoyed my stay.
땡큐 아이 인조이드 마이 스테이

호텔에서 볼 수 있는 게시판	
ENTRANCE	입구
EXIT/WAY OUT	출구
CLOAKROOM	휴대품 보관소
ANNEX	별관
GENTLEMAN/MEN	남자 화장실
LADIES/WOMEN	여자 화장실
CASHIER	현금 출납원
MAKE UP ROOM	방 청소 중
REGISTRATION / FRONT DESK	접수처
EMERGENCY EXIT / FIRE EXIT	비상구
EMPLOYEES ONLY	관계자 외 출입금지
DO NOT DISTURB	면회사절
DINING ROOM	식당
COFFEE SHOP	커피숍
TOURIST HOTEL	관광호텔
MAID	메이드
MANAGER	지배인
LOBBY	로비

4

식 사

각국의 대표 음식

미국

○ 스테이크

고기를 굽는 요리인 스테이크는 유럽식과 미국식으로 나눌 수 있는데, 우리에게 익숙한 그릴을 직화에 굽는 스테이크는 미국식이다. 스테이크의 재료는 여러 가지지만 일반적으로는 소고기를 사용한다. 취향에 따라 고기의 익힘 정도를 다르게 조절할 수 있다. 미국에서는 흔한 요리이다.

○ 햄버거

미국을 대표하는 음식 중 하나다. 맥도날드로 대표되는 싸고 간단한 버거부터 최고급 등심으로 만든 수제버거까지 그 가격대와 종류도 다양하다. 실용적이고 빠른 것을 좋아하는 미국인들에게 딱 맞는 요리이다.

○ 마카로니 앤 치즈

마카로니에 녹인 치즈를 버무린 음식으로 줄여서 맥앤치즈라고도 불린다. 식사를 챙겨먹지 않은 아이에게 식사대용으로 엄마들이 해 주는 음식이기도 하고, 간단하게 끼니를 때울 때 찾는 음식이기도 한, 미국인의 실생활에 가까이 있는 음식이다.

○ 칠면조 구이

추수감사절에 미국인들이 먹는 대표적인 음식이다. 첫 추수감사절 때 새를 잡으러 간 사람이 칠면조를 잡아와 먹게 된 것에서 유래되었다고 한다. 닭이나 오리보다 기름기가 적고 담백한 것이 특징이다.

프랑스

○ 와인

프랑스는 지형과 토양, 기후 등이 와인을 생산하기에 최적화되어 있어 세계적으로 품질 좋은 와인을 생산한다. 프랑스에서 와인으로 유명한 지방은 알자스, 루아르, 보르도, 부르고뉴, 론, 샹파뉴 등 6개이다. 특히 부르고뉴에서 생산되는 와인은 세계적으로도 가장 비싸고 고급인 것으로 유명하다.

○ 빵

파티셰가 되고 싶은 사람이 가장 많이 유학을 가는 나라가 바로 프랑스일 정도로,

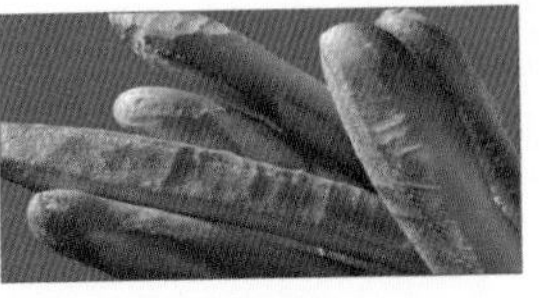

프랑스는 다양한 빵으로 유명하다. 바게뜨는 물론이거니와 크루아상, 브리오슈, 마카롱, 마들렌, 크레프, 밀푀유, 에클레어, 크로크 무슈, 몽블랑, 퐁당 쇼콜라, 타르트 등 다양한 재료를 사용한 다양한 조리법의 빵들이 프랑스의 대표적인 빵으로 자리잡고 있다.

ㅇ 에스카르고

식용 달팽이 요리이다. 끓는 물에 데쳐 마늘과 버터, 파슬리 등을 껍질 속에 넣고 오븐에 구워 낸다. 스튜로 만들거나 볶아내어 먹기도 한다. 에스카르고의 재료가 되는 식용 달팽이는 포도나무 잎을 먹고 자라기 때문에 와인 맛이 좋은 지역의 에스카르고가 맛도 좋다고 한다. 그래서 프랑스에서는 부르고뉴와 샹파뉴의 에스카르고가 유명하다.

ㅇ 푸아그라

살찐 거위의 간으로 만든 요리를 말한다. 알자스 지방이 푸아그라의 생산으로 유명하다. 구워서 먹기도 하고 빵에 발라서 먹기도 한다. 기러기나 오리의 간으로도 만들지만, 거위의 간이 가장 비싸다.

이탈리아

ㅇ 파스타

밀가루 반죽과 물로 만드는 이탈리아의 대표적인 면 요리이다. 이탈리아 현지의 파스타는 우리가 흔히 먹는 파스타보다 소스가 조금 더 적은 것이 특징이다. 식당에서 코스요리로 나올 때는 파스타가 메인 요리가 아니라 프리모 피아토, 즉 처음 나오는 기본 요리이므로 파스타를 많이 먹으면 메인 요리를 배가 불러 못 먹는 경우가 생길 수 있으니 유의한다.

ㅇ 피자

이탈리아에서는 보통 피자를 다른 음식들과 함께 팔지 않고 피자만을 따로 파는 식당에서 살 수 있는데 이 피자 전문 식당을 피제리아라고 부른다. 이탈리아의 피자는 크게 나폴리 피자와 라치오 피자로 나눌 수 있다. 나폴리 피자는 토핑은 조금 부실할 수 있지만, 나폴리 피자 협회의 규격에 따라 엄격하게 재료와 제조 방식이 지켜지기 때문에 식감이 뛰어나고 맛으로 유명하다. 라치오 피자는 토핑이 풍부하고 종류도 다양하다. 피제리아에서 파는 피자는 우리가 생각하는 둥근 피자이고, 가판대 피자는 직사각형으로 구운 뒤 무게를 달아 테이크 아웃 식으로 판매한다.

UNIT **01**

식당 찾기·예약하기

시내의 관광안내소나 호텔의 인포메이션에서는 가고 싶은 레스토랑 가이드를 받을 수 있습니다. 보통 이상의 레스토랑에서 식사를 할 경우 예약을 하고 가야 하며, 복장도 신경을 쓰는 게 좋습니다. 또한 현지인에게 인기가 있는 레스토랑은 가격도 적당하고 맛있는 가게가 많습니다.

가장 가까운 gajang gakkaun	______	식당은 어디입니까? sikdangeun eodiimnikka
Where is the nearest 웨어리즈 더 니어리스트	______	restaurant? 레스터런

□ 한국	hanguk	Korean	코리언
□ 일본	ilbon	Japanese	재퍼니즈
□ 중국	jungguk	Chinese	차이니즈
□ 프랑스	peurangseu	French	후렌취

Q : 예약이 필요합니까?
yeyagi piryohamnikka
Do we need a reservation?
두 위 니더 레저베이션

A : 아니오. 그냥 오셔도 됩니다.
anio. geunyang osyeodo doemnida
No, sir. Walk right in.
노, 써 웍 롸이틴

식당을 찾을 때

✈ 이 근처에 맛있게 하는 음식점은 없습니까?
i geuncheoe masitge haneun eumsikjeomeun eopseumnikka

Is there a good restaurant around here?
이즈 데어러 굿 레스터런 어롸운 히어

✈ 이곳에 한국 식당은 있습니까?
igose hanguk sikdangeun itseumnikka?

Do you have a Korean restaurant?
두 유 해버 코리언 레스터런

✈ 이 지방의 명물요리를 먹고 싶은데요.
i jibangui myeongmuryorireul meokgo sipeundeyo

I'd like to have a some local food.
아이드 라익 투 해버 썸 로컬 푸드

✈ 음식을 맛있게 하는 가게가 있으면 가르쳐 주세요.
eumsigeul masitge haneun gagega isseumyeon gareucheo juseyo

Could you recommend a popular restaurant?
쿠쥬 리커멘더 파퓰러 레스터런

✈ 싸고 맛있는 가게가 있습니까?
ssago masinneun gagega itseumnikka

Do you know a nice, reasonably-priced restaurant?
두 유 노우 어 나이스, 리즈너블리-프라이스트 레스터런

✈ 가볍게 식사를 하고 싶은데요.
gabyeopge siksareul hago sipeundeyo

I'd like to have a light meal.
아이드 라익 투 해버 라잇 밀

✈ 이 시간에 문을 연 가게가 있습니까?
i sigane muneul yeon gagega itseumnikka

Is there a restaurant open at this time?
이즈 데어러 레스터런 오픈 앳 디스 타임

✈ (책을 보이며) 이 가게는 어디에 있습니까?
i gageneun eodie itseumnikka

Where is this restaurant?
웨어리즈 디스 레스터런

✈ 이 지도 어디에 있습니까?
i jido eodie itseumnikka

Would you show me on this map?
우쥬 쇼우 미 온 디스 맵

✈ 걸어서 갈 수 있습니까?
georeoseo gal su itseumnikka

Can I get there on foot?
캔아이 겟 데어론 풋

✈ 몇 시부터 엽니까?
myeot sibuteo yeomnikka

What time does it open?
왓 타임 더짓 오픈

✈ 조용한 분위기의 레스토랑이 좋겠습니다.
joyonghan bunwigiui reseutorangi joketseumnida

I'd like a quiet restaurant.
아이드 라이커 콰이엇 레스터런

✈ 붐비는 레스토랑이 좋겠습니다.
bumbineun reseutorangi joketseumnida

I'd like a restaurant with a cheerful atmosphere.
아이드 라이커 레스터런 위더 치어훨 앳머스훠어

✈ 식당이 많은 곳은 어디입니까?
sikdangi maneun goseun eodiimnikka

Where is the main area for restaurants?
웨어리즈 더 메인 에어리어 훠 레스터런츠

✈ 로마라는 이탈리아 식당을 모릅니까?
romaraneun itallia sikdangeul moreumnikka

Do you know an Italian restaurant called Roma?
두 유 노우 언 이탤리언 레스터런 콜드 롬

✈ 이곳 사람들이 많이 가는 식당이 있습니까?
igot saramdeuri mani ganeun sikdangi itseumnikka

Are there any restaurant where mostly local people go?
아데어 애니 레스터런 웨어 모스틀리 로우컬 피플 고우

✈ 예약이 필요한가요?
yeyagi piryohangayo

Do we need a reservation?
두 위 니더 레저베이션

식당 예약할 때

✈ 그 레스토랑을 예약해 주세요.
geu reseutorangeul yeyakae juseyo

Make a reservation for the restaurant, please.
메이커 레저베이션 훠 더 레스터런, 플리즈

✈ 여기서 예약할 수 있나요?
yeogiseo yeyakal su innayo

Can we make a reservation here?
캔 위 메이커 레저베이션 히어

✈ 오늘 밤 예약하고 싶은데요.
oneul bam yeyakago sipeundeyo

I'd like to make a reservation for tonight.
아이드 라잌 투 메이커 레저베이션 훠 투나잇

✈ (주인) 손님은 몇 분이십니까?
sonnimeun myeot bunisimnikka

How large is your party?
하우 라쥐 이쥬어 파리?

✈ 오후 6시 반에 5명이 갑니다.
ohu yeoseotsi bane daseonmyeongi gamnida

Five people at 6:30 P.M.
화이브 피플 앳 식스 써리 피엠

✈ 전원 같은 자리로 해 주세요.
jeonwon gateun jariro hae juseyo.

We'd like to have a table together.
위드 라잌 투 해버 테이블 투게더

✈ 거기는 어떻게 갑니까?
geogineun eotteoke gamnikka

How can I get there?
하우 캔 아이 겟 데어

✈ (주인) 몇 시라면 좋으시겠습니까?
myeot siramyeon joeusigetseumnikka

What times are available?
왓 타임즈 알 어베일러블

✈ 몇 시라면 자리가 납니까?
myeot siramyeon jariga namnikka

What time can we reserve a table?
왓 타임 캔 위 리저버 테이블

✈ 복장에 규제는 있습니까?
bokjange gyujeneun itseumnikka

Is there a dress code?
이즈 데어러 드레스 코드

✈ 금연(흡연)석으로 부탁합니다.
geumyeon(heubyeon)seogeuro butakamnida

We'd like a non-smoking(smoking) table.
위드 라이커 난-스모킹(스모킹) 테이블

✈ 미안합니다. 예약을 취소하고 싶습니다.
mianhamnida. yeyageul chwisohago sipseumnida

I'm sorry, but I want to cancel my reservation.
아임 쏘리, 버라이 원 투 캔쓸 마이 레저베이션

UNIT 02

식사 주문

레스토랑에 도착하면 입구에서 예약한 경우에는 이름을 말하고 안내를 기다리며, 테이블 세팅이 될 때까지 기다릴 경우에는 웨이팅 바에서 술을 마시면서 기다리는 것도 좋습니다. 의자에 앉을 때는 여성이 안쪽으로 앉도록 하고 테이블에 앉은 후에는 디저트가 나올 때까지 담배는 삼가는 것이 에티켓입니다.

[______________ 드레싱을 주세요.
deuresingeul juseyo

______________ dressing, please.
드레싱, 플리즈]

□ 프렌치	peurenchi	French	후렌취
□ 이탈리안	itallian	Italian	이탤리언
□ 싸우전 아일랜드	ssaujeon aillaendeu	Thousand Island	싸우전드 아일런
□ 블루치즈	beulluchijeu	Blue Cheese	블루 치즈

Q : 주문하시겠습니까?
jumunhasigetseumnikka
Are you ready to order?
아 유 래디 투 오더

A : 아직 정하지 않았습니다.
ajik jeonghaji anatseumnida
Not yet.
낫 옛

자리에 앉을 때까지

✈ 안녕하세요. 예약은 하셨습니까?
annyeonghaseyo. yeyageun hasyeotseumnikka
Good evening. Do you have a reservation?
굿 이브닝 두 유 해버 레저베이션

✈ 6시에 예약한 홍길동입니다.
yeoseotsie yeyakan honggildongimnida
My name is Kil-dong Hong. I have a reservation at six.
마이 네임 이즈 길동 홍 아이 해버 레저베이션 앳 식쓰

✈ 예약을 하지 않았습니다.
yeyageul haji anatseumnida
We don't have a reservation.
위 돈 해버 레저베이션

✈ 몇 분이십니까?
myeot bunisimnikka
How many in your party?
하우 메니 인 유어 파리

✈ 안내해드릴 때까지 기다려 주십시오.
annaehaedeuril ttaekkaji gidaryeo jusipsio
Please wait to be seated.
플리즈 웨잇 투 비 씨티드

✈ 조용한 안쪽 자리로 부탁합니다.
joyonghan anjjok jariro butakamnida
We'd like to have a table in a quiet corner.
위드 라잌 투 해버 테이블 이너 콰이엇 코너

메뉴를 볼 때

✈ 메뉴 좀 보여 주세요.
menyu jom boyeo juseyo

May I see the menu?
메아이 씨 더 메뉴

✈ 한국어 메뉴는 있습니까?
hangugeo menyuneun itseumnikka

Do you have a menu in Korean?
두 유 해버 메뉴 인 코리언

✈ 메뉴에 대해서 가르쳐 주세요.
menyue daehaeseo gareucheo juseyo

Would you help me with this menu?
우쥬 헬프 미 위드 디스 메뉴

✈ 이 지방의 명물요리는 있습니까?
i jibangui myeongmuryorineun itseumnikka

Do you have any local dishes?
두 유 해버니 로우컬 디쉬즈

✈ 무엇을 권하시겠습니까?
mueoseul gwonhasigetseumnikka

What do you recommend?
왓 두 유 레커멘

✈ 나중에 다시 오실래요?
najunge dasi osillaeyo

Could you come back later?
쿠쥬 컴 백 래이러

주문할 때

(웨이터) 주문하시겠습니까?
jumunhasigetseumnikka

Are you ready to order?
아 유 래디 투 오더
* May I take your order?는 웨이터가 주문을 받을 때의 공손한 표현법이다.

잠깐 기다려 주세요.
jamkkan gidaryeo juseyo

We need a little more time.
위 니더 리를 모어 타임

(웨이터를 부르며) 주문받으세요.
jumunbadeuseyo

We are ready to order.
위 아 래디 투 오더

(웨이터) 술은 무엇으로 하시겠습니까?
sureun mueoseuro hasigetseumnikka

What would you like to drink?
왓 우쥬 라익 투 드링

이것으로 부탁합니다.
igeoseuro butakamnida

I'll take this one.
아일 테익 디스 원

여기서 잘하는 요리는 무엇입니까?
yeogiseo jalhaneun yorineun mueosimnikka

What is the specialty of the house?
와리즈 더 스페셜티 옵 더 하우스

✈ 오늘 특별 요리는 무엇입니까?
oneul teukbyeol yorineun mueosimnikka

Do you have today's special?
두 유 해브 투데이즈 스페셜

✈ (메뉴를 가리키며) 이것과 이것으로 주세요.
igeotgwa igeoseuro juseyo

This and this, please.
디스 앤 디스, 플리즈

✈ 저도 같은 것으로 주세요.
jeodo gateun geoseuro juseyo

I'll have the same.
아일 해브 더 세임
*동료와 같은 것을 주문할 때 Same here.라고 표현한다.

✈ 빨리 되는 것이 있습니까?
ppalli doeneun geosi itseumnikka

Do you have anything ready quickly?
두 유 해브 애니씽 래디 퀴클리

✈ 저것과 같은 요리를 주시겠어요?
jeogeotgwa gateun yorireul jusigesseoyo

Can I have the same dish as that?
캔 아이 해브 더 세임 디쉬 애즈 댓

✈ 빨리 됩니까?
ppalli doemnikka

Can I have it right away?
캔 아이 해빗 롸이러웨이

✈ 이것은 무슨 요리입니까?
igeoseun museun yoriimnikka

What kind of dish is this?
왓 카인넙 디쉬즈 디스

✈ 어떤 요리인지 설명해 주시겠어요?
eotteon yoriinji seolmyeonghae jusigesseoyo

Can you explain this dish?
캔 유 익스플레인 디스 디쉬

✈ 요리재료는 뭡니까?
yorijaeryoneun mwomnikka

What are the ingredients?
워라더 인그리디언츠

✈ 이건 맵습니까?
igeon maepseumnikka

Is this spicy?
이즈 디스 스파이시

✈ (웨이터) 다른 주문은 없으십니까?
dareun jumuneun eopseusimnikka

Anything else?
애니씽 엘스

✈ 디저트는 어떻게 하시겠습니까?
dijeoteuneun eotteoke hasigetseumnikka

What would you like to have for dessert?
왓 우쥬 라잌 투 해브 훠 디저트

각국 요리	
한국요리	Korean food [코리언 푸드]
중국요리	Chinese food [차이니즈 푸드]
일본요리	Japanese food [재패니즈 푸드]
인도요리	Indian food [인디언 푸드]
베트남요리	Vietnamese food [비에트너미즈 푸드]
민족요리	ethnic food [애쓰닉 푸드]
이탈리아요리	Italian food [이탤리언 푸드]
프랑스요리	French food [프렌취 푸드]
스페인요리	Spanish food [스패니쉬 푸드]
독일요리	German food [저먼 푸드]
그리스요리	Greek food [그릭 푸드]
지중해요리	Mediterranean food [메더터레이니언 푸드]
러시아요리	Russian food [러시안 푸드]
멕시코요리	Mexican food [멕시칸 푸드]
아랍요리	Arabic food [애러빅 푸드]
향토요리	local food [로컬 푸드]

식당에서 쓰이는 말	
식당	restaurant [레스터런]
식사	meal [밀]
요리	dish [디쉬]
예약석	reserved table [리저브드 테이블]
웨이터	waiter [웨이터]
웨이츄리스	waitress [웨이츄리스]
주문	order [오더]
추가주문	side order [사이드 오더]
카운터	counter [카운터]
스푼	spoon [수푼]
포크	fork [풔크]
접시	plate [플렛]
젓가락	chopsticks [찹스틱스]
찻잔	cup [컵]
컵	glass [글래스]

전채 Appetizer	
멸치	anchovy [앤초우비]
캐비어	caviar [캐비어]
치즈	cheese [치즈]
칵테일	cocktail [칵테일]
새우	shrimp [쉬림]
굴	oyster [오이스터]
햄	ham [햄]
청어 샐러드	herring salad [해링 샐럿]
훈제연어	smoked salmon [스목트 새먼]
소시지	sausage [소시쥐]
계란 마요네즈 무침	egg mayonnaise [애그 메이어네이즈]
냉고기 모듬	assorted cold meat [어소티드 콜드 밋]
카나페	canape [카나페]
터린	terrine [터린]
치킨너겟	chicken nugget [치킨 너겟]
에스카르고	escargot [에스카고]

수프 Soup / 샐러드 Salads	
콩소메	consomme [칸서메이]
토마토 수프	tomato soup [터메이토우 숩]
쇠꼬리 수프	oxtail soup [옥스테일 숩]
포타지	potage [포타쥐]
스카치 브로스	Scotch broth [스카취 브로쓰]
야채 수프	vegetable soup [베쥐터블 숩]
아스파라거스 샐러드	asparagus salad [아스파라거스 샐럿]
아보카도 샐러드	avocado salad [아보카도 샐럿]
양배추 샐러드	coleslaw salad [코우슬러 샐럿]
야채 샐러드	green salad [그린 샐럿]
양상추 샐러드	lettuce salad [레티스 샐럿]
어패류 샐러드	seafood salad [씨푸드 샐럿]
토마토 샐러드	tomato salad [터메이토우 샐럿]
따뜻한 샐러드	warm salad [웜 샐럿]
샐러드 바	salad bar [샐러드 바]

UNIT 03

식사를 하면서

매너란 기본적으로 사람에게 불쾌감을 주지 않기 위해 지켜야 할 룰입니다. 냅킨은 무릎 위에 두고, 나이프와 포크는 바깥쪽부터 사용합니다. 너무 신경을 쓰는 것도 좋지 않지만 식사 중에는 접시 위에서 나이프나 포크 소리를 내거나 큰소리로 웃거나 떠드는 것을 삼가야 합니다.

_________ 좀 갖다주시겠어요?
jom gatdajusigesseoyo

Could I have some _________, please?
쿠다이 해브 썸 플리즈

- 소금 sogeum salt 솔트
- 후춧가루 huchutgaru pepper 페퍼
- 식초 sikcho vinegar 뷔니거
- 설탕 seoltang sugar 슈거

Q : 여기요. 웨이터!
yeogiyo. weiteo
Excuse me. Waiter!
익스큐즈 미 웨이러

A : 네, 무슨 일입니까?
ne, museun irimnikka
Yes. Can I help you?
예스 캔아이 핼퓨

먹는 법 · 재료를 물을 때

먹는 법을 가르쳐 주시겠어요?
meongneun beobeul gareucheo jusigesseoyo

Could you tell me how to eat this?
쿠쥬 텔 미 하우 투 잇 디스

이건 어떻게 먹으면 됩니까?
igeon eotteoke meogeumyeon doemnikka

How do I eat this?
하우 두 아이 잇 디스

이 고기는 무엇입니까?
i gogineun mueosimnikka

What kind of meat is this?
왓 카인업 밋티즈 디스

이것은 무슨 재료를 사용한 겁니까?
igeoseun museun jaeryoreul sayonghan geomnikka

What are the ingredients for this?
워라디 인그리디언츠 훠 디스

필요한 것을 부탁할 때

빵을 좀 더 주세요.
ppangeul jom deo juseyo

Can I have more bread?
캔 아이 해브 모어 브레드

디저트 메뉴는 있습니까?
dijeoteu menyuneun itseumnikka

Do you have a dessert menu?
두 유 해버 디저트 메뉴

✈ 물 한 잔 주세요.
mul han jan juseyo

I'd like a glass of water, please.
아이드 라이커 글래스 업 워러, 플리즈

✈ 소금 좀 갖다 주시겠어요?
sogeum jom gatda jusigesseoyo

Could I have some salt, please?
쿠다이 해브 썸 솔트, 플리즈

✈ 나이프(포크)를 떨어뜨렸습니다.
naipeu(pokeu)reul tteoreotteuryeotseumnida

I dropped my knife(fork).
아이 드랍트 마이 나이프(포크)

✈ ~을 추가로 부탁합니다.
~eul chugaro butakamnida

I'd like to order some more ~.
아이드 라잌 투 오더 썸 모어 ~

✈ (맛은) 어떠십니까?
eotteosimnikka

Is everything all right?
이즈 애브리씽 올 롸잇

✈ 맛있는데요!
masinneundeyo

This is good!
디씨즈 굿

디저트 · 식사를 마칠 때

✈ 디저트를 주세요.
dijeoteureul juseyo
I'd like a dessert, please.
아이드 라이커 디저트, 플리즈

✈ 디저트는 뭐가 있나요?
dijeoteuneun mwoga innayo
What do you have for dessert?
왓 두 유 해브 풔 디젓

✈ 커피만 주세요.
keopiman juseyo
Just coffee, please.
저슷 커피, 플리즈

✈ (디저트를 권할 때) 아뇨, 됐습니다.
anyo, dwaetseumnida
No, thank you.
노, 땡큐

✈ 이걸 치워주시겠어요?
igeol chiwojusigesseoyo
Could you please take this away?
쿠쥬 플리즈 테익 디스 어웨이

✈ (동석한 사람에게) 담배를 피워도 되겠습니까?
dambaereul piwodo doegetseumnikka
May I smoke?
메아이 스목

UNIT 04

술집에서

식사를 하면서 술을 마실 경우에는 그 고장의 전통 술을 고르도록 하며, 웨이터와 의논해서 정하도록 합시다. 나라가 다르면 술의 종류도 가게의 분위기도 다릅니다. 게다가 연령제한이나 영업시간도 다릅니다. 바에서 계산할 때는 보통 C.O.D.로 지불합니다.

__________ 을(를) 주시겠어요?
eul(reul) jusigesseoyo

May I have a __________, please?
메아이 해버 플리즈

□ 버본	beobon	bourbon	부어본
□ 진피즈	jinpijeu	gin fizz	진 휘즈
□ 위스키	wiseuki	whiskey	위스키
□ 스카치	seukachi	Scotch	스카취

Q : 와인은 어떠십니까?
waineun eotteosimnikka
Would you care for wine?
우쥬 케어 훠 와인

A : 와인 목록은 있습니까?
wain mongnogeun itseumnikka
Do you have a wine list?
두 유 해버 와인 리슷

술을 주문할 때

이 요리에는 어느 와인이 맞습니까?
i yorieneun eoneu waini matseumnikka

Which wine goes with this dish?
위치 와인 고우즈 위 디스 디쉬

글라스로 주문됩니까?
geullaseuro jumundoemnikka

Can I order it by the glass?
캔 아이 오더릿 바이 더 글래스

레드와인을 한 잔 주세요.
redeuwaineul han jan juseyo

I'd like a glass of red wine.
아이드 라이커 글래스 업 레드 와인

생맥주는 있습니까?
saengmaekjuneun itseumnikka

Do you have a draft beer?
두 유 해버 드랩트 비어

식사하기 전에 무슨 마실 것을 드릴까요?
siksahagi jeone museun masil geoseul deurilkkayo

Would you care for something to drink before dinner?
우쥬 케어 훠 썸씽 투 드링 비훠 디너

이 지방의 독특한 술입니까?
i jibangui dokteukan surimnikka

Is it a local alcohol?
이짓 어 로우컬 앨커홀

어떤 맥주가 있습니까?
eotteon maekjuga itseumnikka

What kind of beer do you have?
왓 카인업 비어 두 유 해브

(웨이터) 음료는 어떻게 하시겠습니까?
eumnyoneun eotteoke hasigetseumnikka

Anything to drink?
애니씽 투 드링

물만 주시겠어요?
mulman jusigesseoyo

Can I just have water, please?
캔아이 저슷 해브 워러, 플리즈

무슨 먹을 것은 없습니까?
museun meogeul geoseun eopseumnikka

Do you have something to eat?
두 유 해브 썸씽 투 잇

어떤 술입니까?
eotteon surimnikka

What kind of alcohol is it?
왓 카인업 앨커홀 이짓

가벼운 술이 좋겠습니다.
gabyeoun suri joketseumnida

I'd like a light alcohol.
아이드 라이커 라잇 앨커홀

술을 마실 때

✈ 맥주가 별로 차갑지 않네요.
maekjuga byeollo chagapji anneyo

The beer isn't cool enough.
더 비어 이즌 쿨 이넙

✈ 건배!
geonbae

Cheers!
치어즈

✈ 한 잔 더 주세요.
han jan deo juseyo

Another one, please.
어나더 원, 플리즈

✈ 한 병 더 주세요.
han byeong deo juseyo

May I have another one?
메아이 해브 어나더 원

✈ 생수 좀 주세요.
saengsu jom juseyo

I'll have a mineral water.
아윌 해버 미너럴 워러

✈ 제가 내겠습니다.
jega naegetseumnida

It's on me, please.
잇츠 온 미, 플리즈

UNIT 05

식당에서의 트러블

테이블에 앉을 때는 오른손으로 의자를 잡아당겨 왼쪽에서 앉습니다. 각 테이블에는 담당의 웨이터가 정해져 있으므로 무언가를 부탁하거나 식사 중에 문제가 발생하면 먼저 담당 웨이터를 부릅니다. 식사 중에 나이프나 포크를 떨어뜨렸으면 자신이 줍지 말고 웨이터를 불러 다시 가져오도록 합니다.

이건 너무 ________.
igeon neomu

I think this is a little too ________.
아이 씽 디씨즈 어 리틀 투

□ 짭니다	jjamnida	salty	설티
□ 답니다	damnida	sweet	스윗
□ 맵습니다	maepseumnida	hot	핫
□ 싱겁습니다	singgeopseumnida	flat	플랫

Q : 이건 주문하지 않았는데요.
igeon jumunhaji ananneundeyo
I didn't order this.
아이 디든 오더 디스

A : 아, 그렇습니까?
a, geureoseumnikka
You didn't, sir?
유 디든, 써

요리가 늦게 나올 때

✈ 주문한 게 아직 안 나왔습니다.
jumunhan ge ajik an nawatseumnida

My order hasn't come yet.
마이 오더 해즌 컴 옛

✈ 어느 정도 기다려야 합니까?
eoneu jeongdo gidaryeoya hamnikka

How long do we have to wait?
하우 롱 두 위 해브 투 웨잇

✈ 아직 시간이 많이 걸립니까?
ajik sigani mani geollimnikka

Will it take much longer?
윌릿 테익 머치 롱거

✈ 조금 서둘러 주시겠어요?
jogeum seodulleo jusigesseoyo

Would you rush my order?
우쥬 러쉬 마이 오더

✈ 벌써 30분이나 기다리고 있습니다.
beolsseo samsipbunina gidarigo itseumnida

I've been waiting for thirty minutes.
아이브 빈 웨이링 훠 써리 미닛츠

✈ 커피를 두 잔 부탁했는데요.
keopireul du jan butakaenneundeyo

I ordered two cups of coffee.
아이 오더드 투 컵스 업 커휘

✈ 주문을 확인해 주시겠어요?
jumuneul hwaginhae jusigesseoyo

Can you please check my order?
캔유 플리즈 첵 마이 오더

주문을 취소하거나 바꿀 때

✈ 주문을 취소하고 싶은데요.
jumuneul chwisohago sipeundeyo

I want to cancel my order.
아이 원 투 캔슬 마이 오더

✈ 주문을 바꿔도 되겠습니까?
jumuneul bakkwodo doegetseumnikka

Can I change my order?
캔 아이 체인쥐 마이 오더

✈ 이건 주문하지 않았는데요.
igeon jumunhaji ananneundeyo

I don't think I ordered this.
아이 돈 씽카이 오더드 디스

✈ 글라스가 더럽습니다.
geullaseuga deoreopseumnida

The glass isn't clean.
더 글래스 이즌 클린

✈ 새것으로 바꿔 주세요.
saegeoseuro bakkwo juseyo

Please change this for new one.
플리즈 체인쥐 디스 훠 뉴 원.

요리에 문제가 있을 때

수프에 뭐가 들어 있습니다.
supeue mwoga deureo itseumnida

There's something in the soup.
데어즈 썸씽 인 더 숩

이 요리를 데워 주세요.
i yorireul dewo juseyo

Please warm this dish up.
플리즈 웜 디스 디쉬 업

요리가 덜 된 것 같네요.
yoriga deol doen geot ganneyo

This is not cooked enough.
디씨즈 낫 쿡트 이넙

이 스테이크는 너무 구워졌어요.
i seuteikeuneun neomu guwojeosseoyo

I think this steak is overdone.
아이 씽 디스 스테익 이즈 오버던

이 음료가 식었습니다.
i eumnyoga sigeotseumnida

This isn't hot enough.
디스 이즌 핫 이넙

너무 많아서 먹을 수 없습니다.
neomu manaseo meogeul su eopseumnida

It is more than I can eat.
이리즈 모어 댄 아이 캔 잇

UNIT

패스트푸드점에서

패스트푸드나 카페테리아는 레스토랑보다도 훨씬 가볍게 이용할 수 있습니다. 그 자리에서 만들어 주는 샌드위치나 핫도그, 포테이토칩 등은 시간이 없을 때 간단히 먹을 수 있는 것들입니다. 그 자리에서 먹을 때는 I'll eat here.라고 하고, 가지고 나갈 때는 To go, please.라고 하면 됩니다.

________ 와(과) 미디엄 콜라 주세요.
wa(gwa) midieom kolla juseyo

________ and a medium coke, please.
앤더 미디엄 코크, 플리즈

- □ 햄버거 haembeogeo hamburger 햄버거
- □ 흰빵 huinppang white bread 화잇 브래드
- □ 피자 pija pizza 피처
- □ 프라이드치킨 peuraideuchikin fried chicken 흐라이드 취킨

Q : 여기서 드시겠습니까, 아니면 포장을 해드릴까요?
yeogiseo deusigetseumnikka, animyeon pojangeul haedeurilkkayo
For here or to go?
훠 히어 오어 투 고

A : 포장해 주세요.
pojanghae juseyo
To go. / Take out.
투 고 / 테익카웃

패스트푸드를 주문할 때

✈ 이 근처에 패스트푸드점이 있습니까?
i geuncheoe paeseuteupudeujeomi itseumnikka

Is there a fastfood store around here?
이즈 데어러 홰숫 후드 스토어 어롸운 히어

✈ 햄버거하고 커피 주시겠어요?
haembeogeohago keopi jusigesseoyo

Can I have a hamburger and a coffee, please?
캔 아이 해버 햄버거 앤더 커휘, 플리즈

✈ 겨자를 (많이) 발라 주세요.
gyeojareul (mani) balla juseyo

With (a lot of) mustard, please.
위드(어랏업) 머스터드, 플리즈

✈ 어디서 주문합니까?
eodiseo jumunhamnikka

Where do I order?
웨어 두 아이 오더

✈ 2번 세트로 주세요.
ibeon seteuro juseyo

I'll take the number two combo.
아윌 테익 더 넘버 투 콤보

✈ 어느 사이즈로 하시겠습니까?
eoneu saijeuro hasigetseumnikka

Which size would you like?
위치 싸이즈 우쥬 라잌

✈ L(M/S) 사이즈를 주세요.
L(M/S) saijeureul juseyo

Large(Medium/Small), please.
라쥐(미디엄/스멀), 플리즈

✈ 마요네즈를 바르겠습니까?
mayonejeureul bareugetseumnikka

Would you like mayonnaise?
우쥬 라익 메이어네이즈

✈ 아니오, 됐습니다.
anio, dwaetseumnida

No, thank you.
노, 땡큐

✈ 이것을 주세요.
igeoseul juseyo

I'll try it.
아윌 트라이 잇

✈ 샌드위치를 주세요.
saendeuwichireul juseyo

A sandwich, please.
어 샌드위취, 플리즈

✈ 케첩을 주세요.
kecheobeul juseyo

With ketchup, please.
위더 케첩, 플리즈

✈ (재료를 가리키며) 이것을 샌드위치에 넣어 주세요.
igeoseul saendeuwichie neoeo juseyo

Put this in the sandwich, please.
풋 디씬 더 샌드위취, 플리즈

주문을 마칠 때

(주문은) 전부입니다.
jeonbuimnida

That's all.
댓츠 올

여기서 드시겠습니까, 아니면 가지고 가실 겁니까?
yeogiseo deusigetseumnikka, animyeon gajigo gasil geomnikka

For here or to go?
풔 히어 오어 투 고

여기서 먹겠습니다.
yeogiseo meokgetseumnida

I'll eat here.
아윌 잇 히어

가지고 갈 거예요.
gajigo gal geoyeyo

To go(Take out), please.
투 고(테이카웃), 플리즈

이 자리에 앉아도 되겠습니까?
i jarie anjado doegetseumnikka

Can I sit here?
캔 아이 씻 히어

Fast Food 패스트푸드

햄버거
hamburger
햄버거

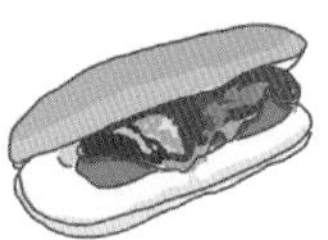

핫도그
hot dog
핫 독

피자
pizza
피처

프라이드 포테이토
French fries
후렌치 후라이즈

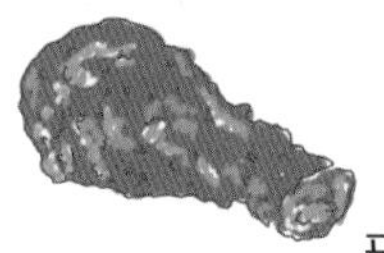

프라이드 치킨
fried chicken
후라이드 취킨

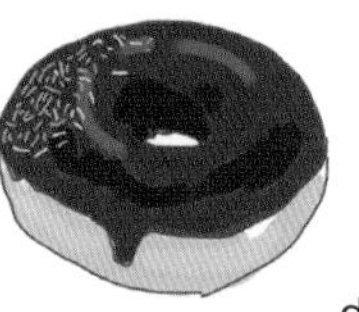

도넛
doughnut
도우넛

아이스크림
ice cream
아이스 크림

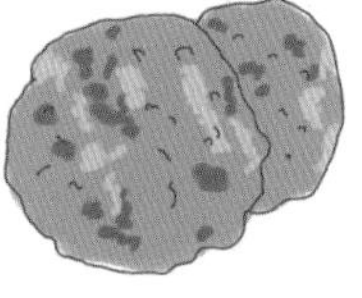

비스킷
biscuit
비스킷

샐러드
salad
샐러드

샌드위치
sandwich
샌드위취

조미료

케첩
ketchup
케첩

머스터드
mustard
머스터드

후추
pepper 페퍼

간장
soy sauce
소이 소스

소금
salt 설트

설탕
sugar 슈거

마가린
margarine
마저린

버터
butter 버터

음료

커피
coffee
커휘

(커피용) 크림
cream
크림

차
tea 티

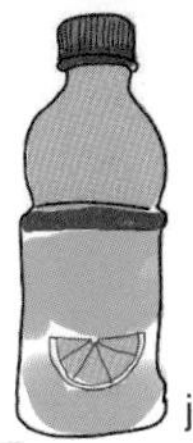

주스
juice 쥬스

우유
milk
밀크

콜라
coke
코크

뜨거운 초콜릿
hot chocolate
핫 처콜릿

UNIT 07

식비 · 술값 계산

식사가 끝나면 손을 들어서 Excuse me, sir(miss).라고 웨이터 나 웨이트리스를 불러 Check(Bill), please.라고 계산서(bill)를 부탁합니다. 계산서에 세금과 봉사료가 포함되어 있는 경우에는 팁은 필요 없습니다. 포함되어 있지 않는 경우에는 수고비로 15~20% 정도의 팁을 테이블에 놓습니다.

__________ 은(는) 포함되어 있나요?
eun(neun) pohamdoeeo innayo

Is __________ included?
이즈 인클루딧

- □ 봉사료 bongsaryo service charge 서비스 챠지
- □ 팁 tip the tip 더 팁
- □ 커피값 keopigap coffee charge 커휘 차쥐
- □ 자릿세 jaritse seat charge 씻 차쥐

Q : 더 필요하신 게 있습니까?
deo piryohasin ge itseumnikka
Can I get you anything else?
캔아이 겟츄 애니씽 엘스

A : 계산을 부탁합니다.
gyesaneul butakamnida
Just the bill, please.
저슷 더 빌, 플리즈

지불방법을 말할 때

✈ 매우 맛있었습니다.
maeu masisseotseumnida

It was very good.
잇워즈 베리 굿

✈ 여기서 지불할 수 있나요?
yeogiseo jibulhal su innayo

Can I pay here?
캔 아이 페이 히어

✈ 어디서 지불하나요?
eodiseo jibulhanayo

Where shall I pay the bill?
웨어 쉘 아이 페이 더 빌

✈ 따로따로 지불하고 싶은데요.
ttarottaro jibulhago sipeundeyo.

Separate checks, please.
세퍼레잇 첵스, 플리즈

✈ 제가 모두 내겠습니다.
jega modu naegetseumnida

I'll take care of the bill.
아일 테익 케어럽 더 빌

✈ 제 몫은 얼마인가요?
je mokseun eolmaingayo

How much is my share?
하우 머치즈 마이 쉐어

✈ 팁은 포함되어 있습니까?
tibeun pohamdoeeo itseumnikka

Is the tip included?
이즈 더 팁 인클루딧

✈ 제가 낼게요.
jega naelgeyo

It's on me.
잇츠 온 미

✈ 신용카드도 받나요?
sinyongkadeudo bannayo

Do you accept credit cards?
두 유 엑셉 크레딧 카즈

✈ 현금으로 낼게요.
hyeongeumeuro naelgeyo

I'd like to pay in cash.
아이드 라잌 투 페이 인 캐쉬

계산할 때

✈ 계산해 주세요.
gyesanhae juseyo

Check, please.
첵, 플리즈

✈ 전부해서 얼마입니까?
jeonbuhaeseo eolmaimnikka

How much is it altogether?
하우 머치즈 잇 얼터게더

이 요금은 무엇입니까?
i yogeumeun mueosimnikka

What's this charge for?
왓츠 디스 챠지 훠

계산서를 나눠 주시겠어요?
gyesanseoreul nanwo jusigesseoyo

Could we have separate checks?
쿠드 위 해브 세퍼레잇 첵스

계산이 틀린 것 같습니다.
gyesani teullin geot gatseumnida

I'm afraid the check is wrong.
아임 어흐레이드 더 첵키즈 뤙

봉사료는 포함되어 있습니까?
bongsaryoneun pohamdoeeo itseumnikka

Is it including the service charge?
이짓 인클루딩 더 서비스 챠지

영수증을 주세요.
yeongsujeungeul juseyo

May I have the receipt, please?
메아이 해브 더 리싯, 플리즈

거스름돈이 틀린 것 같은데요.
geoseureumdoni teullin geot gateundeyo

I think you gave me the wrong change.
아이 씽 유 게브 미 더 뤙 췌인쥐

육류 Meats / 어패류 Seafood	
쇠고기	beef [비프]
닭고기	chicken [치킨]
오리고기	duck [덕]
양고기	mutton [머튼]
돼지고기	pork [포크]
칠면조고기	turkey [터키]
송아지고기	veal [빌]
베이컨	bacon [베이컨]
햄	ham [햄]
등심	sirloin [서리언]
티본	T-bone [티-본]
스테이크	steak [스테익]
생선	fish [피쉬]
게	crab [크랩]
전복	abalone [애버로우니]
바닷가재	lobster [랍스터]
굴	oyster [오이스터]
참새우	prawn [프런]
연어	salmon [새먼]
참치	tuna [튜너]
조개	shellfish [쉘피쉬]

야채 Vegetable	
아스파라거스	asparagus [아스파라거스]
양배추	cabbage [캐비쥐]
샐러리	celery [샐러리]
양상추	lettuce [레티스]
양파	onion [어니언]
시금치	spinach [스피니취]
가지	eggplant [액플랜]
오이	cucumber [큐컴버]
파슬리	parsley [파슬리]
버섯	mushroom [머쉬룸]

5

교 통

각국의 교통

암트랙(Amtrak)

https://www.amtrak.com/home

미 전역에 걸쳐 500개 이상의 도시를 연결하는 광역철도 운송 서비스를 하고 있으며, 안전하고 품격 있는 미국 내 교통수단으로 미국인들에게는 물론 미국을 여행하는 외국인들에게 가장 인기 있는 교통수단 중의 하나이다. 대도시 중심으로 연결이 잘 되어 있어 동, 서부를 나누어 여행하거나 뉴욕, 워싱턴 등 대도시를 중심으로 일정을 짤 때, 그리고 시간적 여유가 없어 많은 지역을 단기간에 여행하고자 할 때 편리하게 이용할 수 있다.

유레일패스(Eurail Pass)

http://kr.eurail.com/

유럽 이외 지역의 관광객 유치를 위해 만든 특별할인 승차권으로 28개국(오스트리아, 벨기에, 보스니아 헤르체고비나, 불가리아, 크로아티아, 체코, 덴마크, 핀란드, 프랑스, 독일, 그리스, 헝가리, 아일랜드 및 북아일랜드, 이탈리아, 룩셈부르크, 몬테네그로, 네덜란드, 노르웨이, 폴란드, 포르투갈, 루마니아, 세르비아, 슬로바키아, 슬로베니아, 스페인, 스웨덴, 스위스, 터키)의 국철을 정해진 기간 동안 주행거리, 승차횟수, 국경 통과에 제한 없이 자유롭게 승하차할 수 있는 매우 저렴하고 편리한 정기열차 승차권이다. 다만 승차권을 잃어버리면 재발급이 되지 않으니 분실하지 않도록 특히 유의해야 한다. 한 나라나 인접국 2~4개국의 철도만 이용하는 여행객들을 위한 유레일 원 컨트리 패스나 유레일 셀렉트 패스도 있다.

유로라인(Eurolines)

http://www.eurolines.com/en/

유럽 30여 개국 국제버스 회사들의 연합이다. 유로라인에도 유로라인 패스가 있는데, 유레일패스와 비슷하면서도 조금은 다르다. 유로라인 버스 중에서도 유로라인 패스 웹사이트에서 시각표가 검색되는 버스만 이용할 수 있으며, 몇몇 예외 구간을 제외하고는 국내노선을 이용할 수 없다. 따라서 다른 나라로 이동하는 버스만 패스로 이용할 수 있다. 유레일패스에 비해 한정적이지만 가격이 저렴하여 수요가 꾸준히 있다.

유로스타(Euro Star)

http://www.eurostar.com/

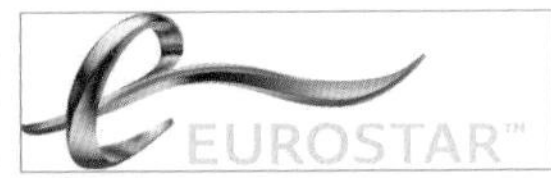

영국에서 대륙으로 이동하는 교통수단이다. 최고 시속 300km로 해저터널(Channel Tunnel)을 통해 런던-파리 간은 약 2시간 반, 런던-브뤼셀 간은 약 2시간 만에 주파하는 초고속열차로 런던 도심에서 파리나 브뤼셀의 도심으로 바로 들어가기 때문에 도심 외곽에 있는 공항을 통해야 하는 항공편보다 훨씬 효율적이다. 미리 예약할 때와 이용일에 근접하여 구매할 때 가격 차이가 많이 나므로 이용할 계획이 있다면 미리 알아보고 최대한 일찍 예약해서 할인 혜택을 많이 받는 것이 좋다. 유레일패스가 있다면 할인받을 수 있지만 일찍 예약하는 것이 더 저렴하여 유레일패스 할인이 필요 없을 수도 있다.

영국 철도패스(Britrail Pass)

http://www.britrail.com/

Your pass to Britain...

유레일패스로는 영국의 열차를 이용할 수 없다. 영국의 기차를 정해진 기간 동안 제한 없이 승차하는 이용권은 영국 철도패스이다. 영국은 잉글랜드, 스코틀랜드, 웨일스, 북아일랜드 네 개의 지역으로 이루어져 있는데, 이 중 잉글랜드, 스코틀랜드, 웨일스를 자유롭게 철도로 이동할 수 있다.

UNIT 01

길을 물을 때

길을 물을 때는 가능하면 경찰이나 관광안내소에서 물읍시다. 급하게 가는 사람보다는 천천히 걷는 사람에게 묻는 것이 좋지만, 지나치게 친절한 사람에게는 주의합시다. 말을 걸 때는 Excuse me, 알았으면 Thank you라고 말하는 것을 잊지 맙시다.

이 지도에서 ________ 은(는) 어디입니까?
i jidoeseo ________ eun(neun) eodiimnikka

Where is ________ on this map?
웨어리즈 ________ 온 디스 맵

□ 여기	yeogi	this place	디스 플레이스
□ 은행	eunhaeng	the bank	더 뱅크
□ 백화점	baekhwajeom	the department store	더 디파러먼 스토어
□ 미술관	misulgwan	the art museum	디 아트 뮤지엄

Q : 차이나타운으로 가는 길을 가르쳐 주시겠어요?
chainatauneuro ganeun gireul gareucheo jusigesseoyo
Please tell me how to get to China town?
플리즈 텔 미 하우 투 겟 투 차이너 타운

A : 저기입니다.
jeogiimnida
It's over there.
잇츠 오버 데어

길을 물을 때

✈ 저, 실례합니다!
jeo, sillyehamnida

Excuse me!
익스큐즈 미

✈ (지도를 가리키며) 여기는 어디에 있습니까?
yeogineun eodie itseumnikka

Where are we now?
웨어라 위 나우

✈ 실례합니다. 잠깐 여쭙겠습니다.
sillyehamnida. jamkkan yeojjupgetseumnida

Excuse me. I have a question.
익스큐즈 미 아이 해버 퀘스천

✈ 백화점은 어디에 있습니까?
baekwajeomeun eodie itseumnikka

Where's the department store?
웨어즈 더 디파러먼 스토어

✈ 여기는 무슨 거리입니까?
yeogineun museun georiimnikka

What street is this?
왓 스트리티즈 디스

✈ 곧장 가십시오.
gotjang gasipsio

Go straight.
고우 스트레잇

✈ 저기서 오른쪽으로 도세요.
jeogiseo oreunjjogeuro doseyo

Turn right there.
턴 롸잇 데어

✈ 걸어서 몇 분 걸립니까?
georeoseo myeot bun geollimnikka

How many minutes by walking?
하우 메니 미닛츠 바이 워킹

✈ 박물관에는 어떻게 가면 됩니까?
bangmulgwaneneun eotteoke gamyeon doemnikka

How can I get to the museum?
하우 캔아이 겟 투 더 뮤지엄

✈ 역으로 가는 길을 가르쳐 주십시오.
yeogeuro ganeun gireul gareucheo jusipsio

Please tell me the way to the station.
플리즈 텔 미 더 웨이 투 더 스테이션

✈ 여기에서 가깝습니까?
yeogieseo gakkapseumnikka

Is it near here?
이짓 니어 히어

✈ 거기까지 걸어서 갈 수 있습니까?
geogikkaji georeoseo gal su itseumnikka

Can I walk there?
캔 아이 워크 데어

✈ 거기까지 버스로 갈 수 있습니까?
geogikkaji beoseuro gal su itseumnikka

Can I get there by bus?
캔아이 겟 데어 바이 버스

✈ 거기에 가려면 택시밖에 없나요?
geogie garyeomyeon taeksibakke eomnayo

Is a taxi the only way to get there?
이저 택시 디 온리 웨이 투 겟 데어

✈ 차이나타운은 멉니까?
chainatauneun meomnikka

Is Chinatown far?
이즈 차이나타운 화

✈ 거기까지 어느 정도 시간이 걸립니까?
geogikkaji eoneu jeongdo sigani geollimnikka

How long does it take?
하우 롱 더짓 테익

✈ 이 주위에 지하철역이 있습니까?
i juwie jihacheoryeogi itseumnikka

Is there a subway station around here?
이즈 데어러 섭웨이 스테이션 어롸운 히어

✈ 지도에 표시해 주시겠습니까?
jidoe pyosihae jusigetseumnikka

Would you mark it, please?
우쥬 마킷, 플리즈

길을 잃었을 때

✈ 실례합니다! 여기는 무슨 거리입니까?
sillyehamnida! yeogineun museun georiimnikka

Excuse me! What's this street?
익스큐즈 미 왓츠 디스 스트릿

✈ 길을 잃었습니다.
gireul ireotseumnida

I got lost on my way.
아이 갓 로슷 온 마이 웨이

✈ 어디에 갑니까?
eodie gamnikka

Where are you going?
웨어라 유 고잉

✈ 코리아타운으로 가는 길입니다.
koriatauneuro ganeun girimnida

We're going to Korea Town.
위어 고잉 투 코리어 타운

✈ 이 길이 아닙니까?
i giri animnikka

Am I on the wrong street?
엠 아이 온 더 렁 스트릿

✈ 친절을 베풀어 주셔서 감사합니다.
chinjeoreul bepureo jusyeoseo gamsahamnida

It's very kind of you. Thank you.
잇츠 베리 카인더뷰 땡큐

✈ 미안합니다. 잘 모르겠습니다.
mianhamnida. jal moreugetseumnida
I'm sorry. I don't know.
아임 쏘리 아이 돈 노우

✈ 저는 여행자입니다.
jeoneun yeohaengjaimnida
I'm a tourist.
아이머 투어리슷

✈ 저도 잘 모릅니다.
jeodo jal moreumnida
I'm not sure myself.
아임 낫 슈어 마이셀프

✈ 다른 사람에게 물어보십시오.
dareun saramege mureobosipsio
Please ask someone else.
플리즈 애슥 썸원 엘스

✈ 저 사람에게 물어보십시오.
jeo saramege mureobosipsio
Ask the man over there.
애슥 더 맨 오버 데어

✈ 지도를 가지고 있습니까?
jidoreul gajigo itseumnikka
Do you have a map?
두 유 해버 맵

UNIT 02

택시를 이용할 때

급하거나 길을 잘 모를 때는 택시를 이용하는 게 편리합니다. 말이 통하지 않을 때는 가고 싶은 곳의 주소를 적어서 택시기사에게 주면 됩니다. 사람이 많을 때나 큰 짐이 있을 때는 추가요금을 받는 경우도 있습니다. 내릴 때 요금의 15% 정도의 팁을 건넵니다.

__________ (으)로 가 주세요.
(eu)ro ga juseyo

__________, please.
플리즈

□ 이 주소	i juso	This address	디스 어드레스
□ 이곳	igot	This place	디스 플레이스
□ 번화가	beonhwaga	Downtown	다운타운
□ ○○ 공원	○○ gongwon	OO Park	○○ 파크

Q : 어디까지 모셔드릴까요?
eodikkaji mosyeodeurilkkayo
Where to?
웨어 투

A : 번화가로 가 주세요.
beonhwagaro ga juseyo
Downtown, please.
다운타운, 플리즈

택시를 잡을 때

택시 승강장은 어디에 있습니까?
taeksi seunggangjangeun eodie itseumnikka

Where's the taxi stand?
웨어즈 더 택시 스탠드

어디서 택시를 탈 수 있습니까?
eodiseo taeksireul tal su itseumnikka

Where can I get a taxi?
웨어 캔 아이 게러 택시

어디서 기다리고 있으면 됩니까?
eodiseo gidarigo isseumyeon doemnikka

Where should we wait?
웨어 슈드 위 웨잇

택시!
taeksi

Taxi!
택시

택시를 탈 때

우리들 모두 탈 수 있습니까?
urideul modu tal su itseumnikka

Can we all get in the car?
캔 위 올 게린 더 카

트렁크를 열어 주시겠어요?
teureongkeureul yeoreo jusigesseoyo

Would you open the trunk?
우쥬 오픈 더 트렁크

(주소를 보이며) 이 주소로 가 주세요.
i jusoro ga juseyo

Take me to this address, please.
테익 미 투 디스 어드레스, 플리즈

센트럴파크로 가 주세요.
senteureolpakeuro ga juseyo

To Central Park, please.
투 센트럴 파크, 플리즈

서둘러 주시겠어요?
seodulleo jusigesseoyo

Could you please hurry?
쿠쥬 플리즈 허리

9시까지 도착할 수 있을까요?
ahopsikkaji dochakal su isseulkkayo

Can I get there by nine?
캔 아이 겟 데어 바이 나인

가장 가까운 길로 가 주세요.
gajang gakkaun gillo ga juseyo

Take the shortest way, please.
테익 더 숏티스트 웨이, 플리즈

좀 더 천천히 가 주세요.
jom deo cheoncheonhi ga juseyo

Could you drive more slowly?
쿠쥬 드라이브 모어 슬로울리

택시에서 내릴 때

✈ 여기서 세워 주세요.
yeogiseo sewo juseyo

Stop here, please.
스탑 히어, 플리즈

✈ 다음 신호에서 세워 주세요.
daeum sinhoeseo sewo juseyo

Please stop at the next light.
플리즈 스탑 앳 더 넥슷 롸잇

✈ 좀 더 앞까지 가주세요.
jom deo apkkaji gajuseyo

Could you pull up a little further?
쿠쥬 풀 업퍼 리틀 훠더

✈ 여기서 기다려 주시겠어요?
yeogiseo gidaryeo jusigesseoyo

Would you wait for me here?
우쥬 웨잇 훠 미 히어

✈ 얼마입니까?
eolmaimnikka

How much is it?
하우 머치 이짓

✈ 거스름돈은 됐습니다.
geoseureumdoneun dwaetseumnida

Keep the change.
킵 더 체인쥐

UNIT **03**

버스를 이용할 때

시내를 자유롭게 이동하려면 시내버스가 싸고 편리합니다. 관광안내소 등에서 노선도를 받아둡시다. 미국에서는 요금을 직접 요금함에 넣는 경우가 대부분이고, 거스름돈을 받을 수 없으므로 동전을 미리 준비해둡시다. 런던의 유명한 2층버스는 뒤에서 타서 차장에게 목적지를 말하고 요금을 지불합니다.

이 버스는 ____________ 에 갑니까?
i beoseuneun e gamnikka

Does this bus go to ____________ ?
더즈 디스 버스 고 투

- □ 공원 gongwon the park 더 파크
- □ 해변 haebyeon the beach 더 비취
- □ 기차역 gichayeok the train station 더 트레인 스테이션
- □ 공항 gonghang the airport 디 에어폿

Q : 버스 승강장은 어디에 있습니까?
beoseu seunggangjangeun eodie itseumnikka
Where's the bus stop?
웨어즈 더 버스탑

A : 어디에 가십니까?
eodie gasimnikka
Where're you going?
웨어러유 고잉

✈ 어디서 버스 노선도를 얻을 수 있습니까?
eodiseo beoseu noseondoreul eodeul su itseumnikka
Where can I get a bus route map?
웨어 캔아이 게러 버스 루트 맵

✈ 표는 어디서 살 수 있습니까?
pyoneun eodiseo sal su itseumnikka
Where can I get a ticket?
웨어 캔아이 게러 티킷

✈ 어느 버스를 타면 됩니까?
eoneu beoseureul tamyeon doemnikka
Which bus do I get on?
위치 버스 두 아이 게론

✈ (버스를 가리키며) 미술관행입니까?
misulgwanhaengimnikka
To the art museum?
투 디 아트 뮤지엄

✈ 갈아타야 합니까?
garataya hamnikka
Do I have to transfer?
두 아이 해브 투 트랜스훠

✈ 여기서 내려요.
yeogiseo naeryeoyo
I'll get off here.
아윌 겟 오프 히어

시외버스

✈ 버스 터미널은 어디에 있습니까?
beoseu teomineoreun eodie itseumnikka

Where is the depot?
웨어리즈 더 디포우

✈ 매표소는 어디에 있습니까?
maepyosoneun eodie itseumnikka

Where is the ticket office?
웨어리즈 더 티킷 어휘스

✈ 라스베가스 두 장 주세요.
laseubegaseu du jang juseyo

Two for Las Vegas, please.
투 훠 라스 베이거스, 플리즈

✈ 돌아오는 버스는 어디서 탑니까?
doraoneun beoseuneun eodiseo tamnikka

Where is the bus stop for going back?
웨어리즈 더 버스탑 훠 고잉 백

✈ 거기에 가는 직행버스는 있나요?
geogie ganeun jikaengbeoseuneun innayo

Is there any bus that goes there directly?
이즈 데어래니 버스 댓 고스 데어 다이렉틀리

✈ 도착하면 알려 주세요.
dochakamyeon allyeo juseyo

Tell me when we arrive there.
텔 미 웬 위 어라이브 데어

관광버스

✈ 라스베가스를 방문하는 투어는 있습니까?
laseubegaseureul bangmunhaneun tueoneun itseumnikka

Do you have a tour to Las Vegas?
두 유 해버 투어 투 라스 베이거스

✈ 여기서 예약할 수 있나요?
yeogiseo yeyakal su innayo

Can I make a reservation here?
캔아이 메이커 레저베이션 히어?

✈ 우리 어디에서 다시 만나나요?
uri eodieseo dasi mannanayo

Where do we meet again?
웨어 두 위 밋 어게인

✈ 몇 시에 돌아옵니까?
myeot sie doraomnikka

What time are we returning?
왓 타임 아 위 리터닝

✈ 투어는 몇 시에 어디서 시작됩니까?
tueoneun myeot sie eodiseo sijakdoemnikka

When and where does the tour begin?
웬 앤 웨어 더즈 더 투어 비긴

✈ 호텔까지 데리러 옵니까?
hotelkkaji derireo omnikka

Will you pick us up at the hotel?
윌 유 픽커스 업 앳 더 호텔

UNIT 04

지하철을 이용할 때

지하철은 미국에서는 subway, 런던에서는 underground 또는 tube라고 부릅니다. 시내의 교통체증에 영향을 받지 않는, 싸고 편리한 교통수단이라고 할 수 있습니다. 이용할 때는 미리 노선도로 이용할 노선, 환승역, 하차역을 알아둡시다. 지역에 따라 치안이 불안한 곳도 있으므로 주의합시다.

____ (으)로 가는 것은 무슨 선입니까?
(eu)ro ganeun geoseun museun seonimnikka

Which line to ____ ?
위치 라인 투

- □ 센트럴파크 senteureolpakeu Central Park 센트럴 파크
- □ 플라자 호텔 peullajahotel Plaza Hotel 플라자 호텔
- □ 월스트리트 wolseuteuriteu Wall Street 월 스트릿
- □ 링컨센터 Lingkeonsenteo Lincoln Center 링컨 센터

Q : 센트럴파크까지 요금은 얼마입니까?
senteureolpakeukkaji yogeumeun eolmaimnikka
What's the subway fare to Central Park?
왓츠 더 섭웨이 훼어 투 센트럴 파크

A : 기본요금은 19센트입니다.
gibonyogeumeun ipgusenteuimnida
The minimum fare is nineteen cents.
더 미너멈 훼어리즈 나인틴 센츠

지하철역에서

✈ 지하철 노선도를 주시겠습니까?
jihacheol noseondoreul jusigetseumnikka

May I have a subway map?
메아이 해버 섭웨이 맵

✈ 이 근처에 지하철역이 있습니까?
i geuncheoe jihacheoryeogi itseumnikka

Is the subway station near here?
이즈 더 섭웨이 스테이션 니어 히어

✈ 표는 어디서 삽니까?
pyoneun eodiseo samnikka

Where can I buy a ticket?
웨어 캔아이 바이 어 티킷

✈ 자동매표기는 어디에 있습니까?
jadongmaepyogineun eodie itseumnikka

Where is the ticket machine?
웨어리즈 더 티킷 머쉰

✈ 42번가로 가려면 어느 선을 타면 됩니까?
sasibibeongaro garyeomyeon eoneu seoneul tamyeon doemnikka

Which line should I take to go to 42nd Street?
위치 라인 슈다이 테익 투 고 투 훠티 세컨드 스트릿

✈ 센트럴파크로 가려면 어디로 나가면 됩니까?
senteureolpakeuro garyeomyeon eodiro nagamyeon doemnikka

Which exit should I take for Central Park?
위치 에그짓 슈다이 테익 훠 센트럴 파크

✈ A–2 출구로 나가세요.
eituchulguro nagaseyo

Take the A-2(two) exit.
테익 디 에이–투 에그짓

지하철을 탔을 때

✈ 어디서 갈아탑니까?
eodiseo garatamnikka

Where should I change trains?
웨어 슈다이 체인쥐 트레인스

✈ 이건 남부역에 갑니까?
igeon nambuyeoge gamnikka

Is this for South station?
이즈 디스 훠 싸우스 스테이션

✈ 북부역은 몇 번째입니까?
bukbuyeogeun myeot beonjjaeimnikka

How many stops are there to North station?
하우 메니 스탑스 아 데어 투 노쓰 스테이션

✈ 다음은 어디입니까?
daeumeun eodiimnikka

What's the next station?
왓츠 더 넥 스테이션

✈ 이 지하철은 동부역에 섭니까?
i jihacheoreun dongbuyeoge seomnikka

Does this train stop at East station?
더즈 디스 트레인 스탑 앳 이슷 스테이션

✈ 이 노선의 종점은 어디입니까?
i noseonui jongjeomeun eodiimnikka

Where's the end of this line?
웨어즈 디 엔덥 디스 라인

✈ 여기가 어디입니까?
yeogiga eodiimnikka

Where are we now?
웨어라 위 나우

✈ 다음은 센트럴 역입니까?
daeumeun senteureol yeogimnikka

Is the next stop Central Station?
이즈 더 넥 스탑 센트럴 스테이션

✈ 표를 잃어버렸습니다.
pyoreul ireobeoryeotseumnida

I lost my ticket.
아이 로슷 마이 티켓

✈ 지하철에 가방을 두고 내렸습니다.
jihacheore gabangeul dugo naeryeotseumnida

I left my bag in a subway.
아이 랩트 마이 백 이너 섭웨이

✈ 스타디움 역에서 탔습니다.
seutadium yeogeseo tatseumnida

I took a train from Stadium Station.
아이 툭커 트레인 프럼 스타디움 스테이션

UNIT 05

열차를 이용할 때

미국을 비롯해 유럽, 캐나다, 호주 등지에서는 수일간 자유여행을 하는 경우에 버스를 이용하면 요금이 무척 비싸므로 열차를 이용하는 게 좋습니다. 특히 외국인용 할인티켓은 그 나라에서 살 수 없는 경우가 있으므로 철도여행 계획이 있는 경우에는 미리 한국에서 구입해둡시다.

______ ㅇㅇ-△△ 표 두 장 주세요.
ㅇㅇ-△△ pyo du jang juseyo

Two ______ tickets from ㅇㅇ to △△, please.
투 티켓츠 프럼 ㅇㅇ 투 △△, 플리즈

□ 편도	pyeondo	one-way	원 웨이
□ 왕복	wangbok	round-trip	라운 트립
□ 1등석	ildeungseok	first class	훠슷 클래스
□ 2등석	ideungseok	second class	세컨 클래스

Q : 시각표를 보여 주시겠어요?
sigakpyoreul boyeo jusigesseoyo
May I see a timetable?
메아이 씨 어 타임테이블

A : 저기에 게시되어 있습니다.
jeogie gesidoeeo itseumnida
Here's one posted over there.
히어즈 원 포스팃 오버 데어

표를 구입할 때

✈ 매표소는 어디에 있습니까?
maepyosoneun eodie itseumnikka

Where's the ticket window?
웨어즈 더 티킷 윈도우

✈ 로스앤젤레스까지 편도 주세요.
loseuaengelleseukkaji pyeondo juseyo

A single to Los Angles, please.
어 씽글 투 로샌절리스, 플리즈

✈ 9시 급행 표를 주세요.
ahopsi geuphaeng pyoreul juseyo

Tickets on express at nine, please.
티킷츠 온 익스프레스 앳 나인, 플리즈

✈ 예약 창구는 어디입니까?
yeyak changguneun eodiimnikka

Which window can I reserve a seat at?
위치 윈도우 캔 아이 리저버 씨랫

✈ 1등석을 주세요.
ildeungseogeul juseyo

First class, please.
훠슷 클래스, 플리즈

✈ 더 이른 열차는 있습니까?
deo ireun yeolchaneun itseumnikka

Do you have an earlier train?
두 유 해번 얼리어 트레인

✈ 더 늦은 열차는 있습니까?
deo neujeun yeolchaneun itseumnikka

Do you have a later train?
두 유 해버 래이러 트레인

✈ 급행열차입니까?
geupaengyeolchaimnikka

Is it an express train?
이지런 익스프레스 트레인

열차를 탈 때

✈ 어디서 갈아탑니까?
eodiseo garatamnikka

Where should we change trains?
웨어 슈드 위 체인쥐 트레인스

✈ 3번 홈은 어디입니까?
sambeon homeun eodiimnikka

Where is platform No 3?
웨어리즈 플랫훰 넘버 쓰리

✈ 파리행 열차는 어디입니까?
parihaeng yeolchaneun eodiimnikka

Where's the train for Paris?
웨어즈 더 트레인 훠 패리스

✈ 이건 마드리드행입니까?
igeon madeurideuhaengimnikka

Is this for Madrid?
이즈 디스 훠 마드릿

(표를 보여주며) 이 열차 맞습니까?
i yeolcha matseumnikka

Is this my train?
이즈 디스 마이 트레인

이 열차는 예정대로 출발합니까?
i yeolchaneun yejeongdaero chulbalhamnikka

Is this train on schedule?
이즈 디스 트레인 온 스케쥴

도중에 하차할 수 있습니까?
dojunge hachahal su itseumnikka

Can I have a stopover?
캔아이 해버 스탑오버

열차를 놓쳤습니다.
yeolchareul notcheotseumnida

I missed my train.
아이 미스트 마이 트레인

열차 안에서

거기는 제 자리입니다.
geogineun je jariimnida

That's my seat.
댓츠 마이 씻

이 자리 주인 있나요?
i jari juin innayo

Is this seat taken?
이즈 디스 씻 테이큰

✈ 창문을 열어도 되겠습니까?
changmuneul yeoreodo doegetseumnikka

May I open the window?
메아이 오픈 더 윈도우

✈ 식당차는 어디에 있습니까?
sikdangchaneun eodie itseumnikka

Where's the dining car?
웨어즈 더 다이닝 카

✈ (여객전무) 도와 드릴까요?
dowa deurilkkayo

May I help you?
메아이 핼퓨

✈ 로마까지 몇 시간입니까?
romakkaji myeot siganimnikka

How many hours to Rome?
하우 메니 아우어즈 투 로움

✈ (국경을 통과할 때) 여권을 보여 주십시오.
yeogwoneul boyeo jusipsio

May I see your passport?
메아이 씨 유어 패스폿

✈ 네, 여기 있습니다.
ne, yeogi itseumnida

Here it is.
히어 이리즈

✈ 잠시 기다려 주십시오.
jamsi gidaryeo jusipsio

Just a minute, please.
저스터 미닛, 플리즈

✈ 여기는 무슨 역입니까?
yeogineun museun yeogimnikka
What station is this?
왓 스테이션 이즈 디스

✈ 다음 역은 무슨 역입니까?
daeum yeogeun museun yeogimnikka
What's the next station?
왓츠 더 넥슷 스테이션

문제가 생겼을 때

✈ 표를 잃어버렸습니다.
pyoreul ireobeoryeotseumnida
I lost my ticket.
아이 로슷 마이 티킷

✈ 내릴 역을 지나쳤습니다.
naeril yeogeul jinacheotseumnida
I missed my station.
아이 미스트 마이 스테이션

✈ 이 표는 아직 유효합니까?
i pyoneun ajik yuhyohamnikka
Is this ticket still valid?
이즈 디스 티킷 스틸 밸리드

UNIT 06

비행기를 이용할 때

항공기를 설령 예약해두었더라도 여행지 또는 환승지에 3일 이상 체류하는 경우에는 출발 72시간 전에 다음 목적지까지의 예약을 항공사에 재확인해야 합니다(reconfirm). 재확인을 하지 않으면 예약이 자동으로 취소되거나 예약이 되어 있지 않는 경우도 있습니다.

(비행기 좌석) ________ (으)로 부탁합니다.
(eu)ro butakamnida

________, please.
플리즈

□ 금연석	geumyeonseok	Non-smoking	난 스모킹
□ 흡연석	heubyeonseok	Smoking seat	스모킹 씻
□ 창가석	changgaseok	Window seat	윈도우 씻
□ 통로석	tongnoseok	Aisle seat	아일 씻

Q : 여보세요. 유나이티드 항공입니다.
yeoboseyo. unaitideuhanggongimnida
Hello This is United Airlines.
헬로우 디씨즈 유나이티드 에얼라인즈

A : 예약을 재확인하고 싶은데요.
yeyageul jaehwaginhago sipeundeyo
I'd like to reconfirm my flight.
아이드 라잌 투 리컨훰 마이 훌라잇

항공권 예약

✈ 비행기 예약을 부탁합니다.
bihaenggi yeyageul butakamnida

I'd like to reserve a flight.
아이드 라익 투 리저버 훌라잇

✈ 내일 로스앤젤레스행 비행기가 있습니까?
naeil loseuaengelleseuhaeng bihaenggiga itseumnikka

Do you have a flight to Los Angeles?
두 유 해버 훌라잇 투 로샌절러스

✈ 일찍 가는 비행기로 부탁합니다.
iljjik ganeun bihaenggiro butakamnida

I'd like an earlier flight.
아이드 라이컨 얼리어 훌라잇

✈ 늦게 가는 비행기로 부탁합니다.
neutge ganeun bihaenggiro butakamnida

I'd like a later flight.
아이드 라이커 래이터 훌라잇

✈ 성함과 편명을 말씀하십시오.
seonghamgwa pyeonmyeongeul malsseumhasipsio

What's your name and flight number?
왓츄어 네임 앤 훌라잇 넘버

✈ 출발시간을 확인하고 싶은데요.
chulbalsiganeul hwaginhago sipeundeyo

I'd like to make sure of the time it leaves.
아이드 라잌 투 메이크 슈어럽 더 타임 잇 리브즈

체크인과 탑승

✈ 유나이티드 항공 카운터는 어디입니까?
unaitideuhanggong kaunteoneun eodiimnikka

Where's the United Airlines counter?
웨어즈 더 유나이티드 에얼라인즈 카운터

✈ 지금 체크인할 수 있습니까?
jigeum chekeuinhal su itseumnikka

Can I check in now?
캔 아이 췍킨 나우

✈ 항공권은 가지고 계십니까?
hanggonggwoneun gajigo gyesimnikka

Do you have a ticket?
두 유 해버 티킷

✈ 예, 여기 있습니다.
ye, yeogi itseumnida

Here it is.
히어리디즈

✈ 금연석 통로 쪽으로 부탁합니다.
geumyeonseok tongno jjogeuro butakamnida

An aisle seat in the non-smoking section, please.
언 아일 씨린 더 난-스모킹 섹션, 플리즈

✈ 이 짐은 기내로 가지고 갑니다.
i jimeun ginaero gajigo gamnida

This is a carry-on bag.
디씨즈 어 캐리-온 백

요금은 어떻게 됩니까?
yogeumeun eotteoke doemnikka

What's the fare?
왓츠 더 훼어

몇 번 출구로 나가면 됩니까?
myeot beon chulguro nagamyeon doemnikka

Which gate should I go to?
위치 게잇 슈다이 고 투

이건 샌디에이고행 출구입니까?
igeon saendieigohaeng chulguimnikka

Is this the gate to San Diego?
이즈 디스 더 게잇 투 샌디에이고

비행기는 예정대로 출발합니까?
bihaenggineun yejeongdaero chulbalhamnikka

Is the flight on time?
이즈 더 훌라잇 온 타임

이 짐을 맡길게요.
i jimeul matgilgeyo

I'll check this baggage.
아이윌 첵 디스 배기쥐

탑승이 시작되었나요?
tapseungi sijakdoeeonnayo

Has boarding begun?
해스 보딩 비건

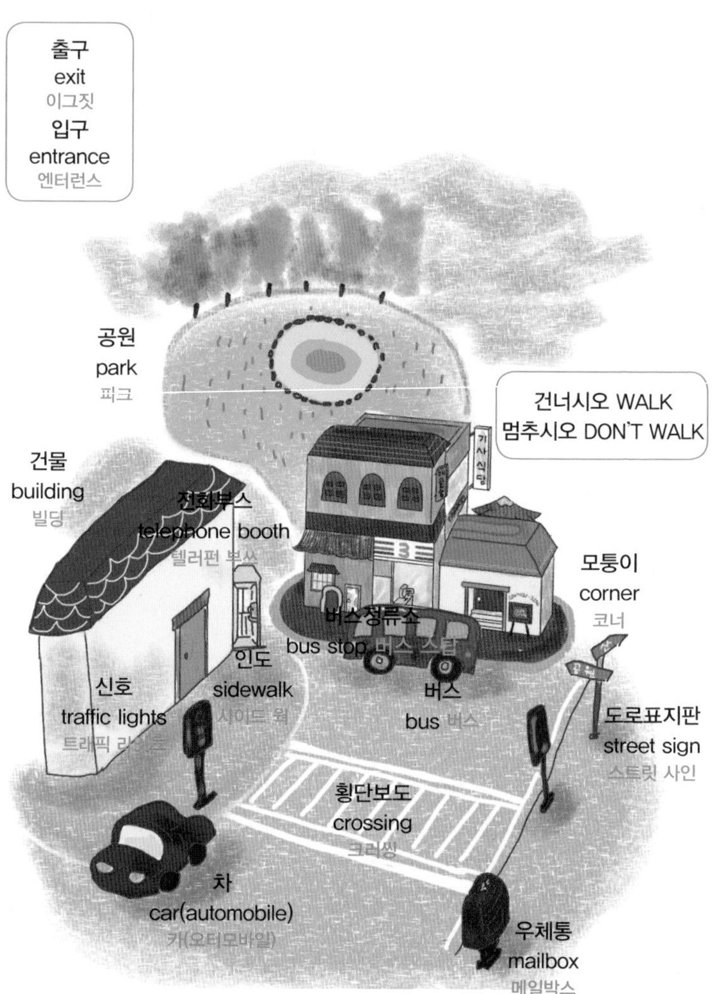

출구
exit
이그짓
입구
entrance
엔터런스
공원
park
피크
건너시오 WALK
멈추시오 DON'T WALK
건물
building
빌딩
전화부스
telephone booth
텔러펀 부쓰
모퉁이
corner
코너
버스정류소
bus stop 버스 스탑
인도
sidewalk
사이드 웤
버스
bus 버스
신호
traffic lights
트래픽 라이츠
도로표지판
street sign
스트릿 사인
횡단보도
crossing
크러씽
차
car(automobile)
카(오터모바일)
우체통
mailbox
메일박스

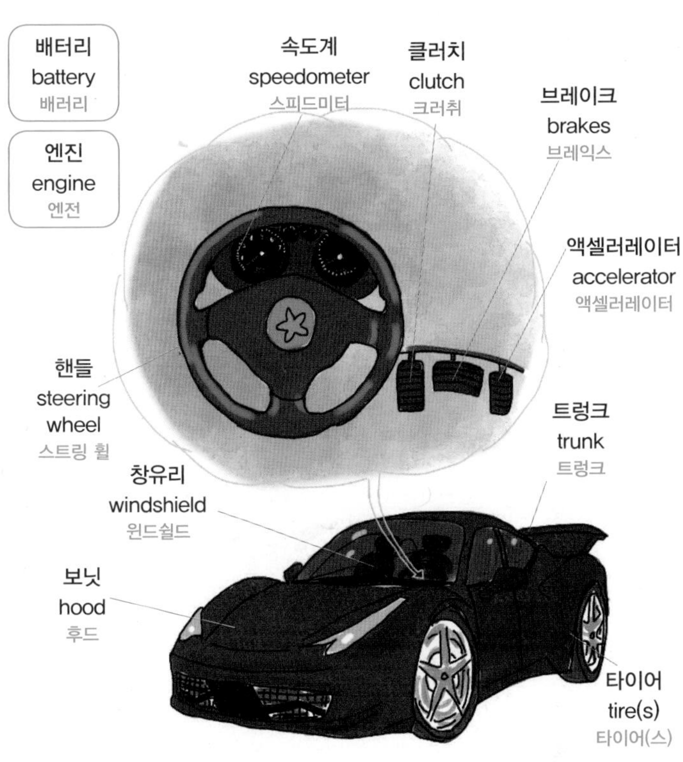

도로표지판

양보	YIELD
일시정지	STOP
우측통행	KEEP RIGHT
추월금지	DO NOT PASS
진입금지	DO NOT ENTER
제한속도	SPEED LIMIT
일방통행	ONE WAY
주차금지	NO PARKING

UNIT 07

렌터카를 이용할 때

렌터카를 빌릴 때는 여권과 국제면허증이 필요합니다. 만일을 대비하여 보험도 잊지 말고 꼭 들어둡시다. 관광시즌에는 한국에서 출발하기 전에 미리 렌터카 회사에 예약을 해두는 게 좋습니다. 신청할 때는 지불보증으로써 신용카드를 요구하는 경우가 많으므로 카드를 준비해둡시다.

________________ 차를 1주일간 빌리고 싶은데요.
chareul iljuilgan billigo sipeundeyo

________________ car for a week, please.
카 훠러 윅, 플리즈

□ 소형	sohyeong	A compact	어 컴팩
□ 중형	junghyeong	A mid-size	어 미드 사이즈
□ 대형	daehyeong	A large	어 라쥐
□ 오토매틱	otomaetik	An automatic	언 오러매릭

Q : 차를 빌리고 싶은데요.
chareul billigo sipeundeyo
I'd like to rent a car.
아이드 라익 투 렌터 카

A : 어떤 차가 좋겠습니까?
eotteon chaga joketseumnikka
What kind of car do you want?
왓 카인덥 카 두 유 원

렌터카를 이용할 때

(공항에서) 렌터카 카운터는 어디에 있습니까?
renteoka kaunteoneun eodie itseumnikka

Where's the rent a car counter?
웨어즈 더 렌터 카 카우너

예약을 한 사람인데요.
yeyageul han saramindeyo

I have a reservation.
아이 해버 레저베이션

어느 정도 운전할 예정이십니까?
eoneu jeongdo unjeonhal yejeongisimnikka

How long will you need it?
하우 롱 윌 유 니드 잇

1주간입니다.
iljuganimnida

For a week.
훠러 윅

차를 3일간 빌리고 싶습니다.
chareul samilgan billigo sipseumnida

I'd like to rent a car for three days.
아이드 라잌 투 렌터 카 훠 쓰리 데이즈

이것이 제 국제운전면허증입니다.
igeosi je gukjeunjeonmyeonheojeungimnida

Here's my international driver's license.
히어즈 마이 이너내이셔널 드라이버즈 라이선스

차종을 고를 때

✈ 어떤 차가 있습니까?
eotteon chaga itseumnikka

What kind of cars do you have?
왓 카인업 카스 두 유 해브

✈ 렌터카 목록을 보여 주시겠어요?
renteoka mongnogeul boyeo jusigesseoyo

Can I see your rent a car list?
캔아이 씨 유어 렌터 카 리슷

✈ 어떤 타입의 차가 좋으시겠습니까?
eotteon taibui chaga joeusigetseumnikka

What type of car would you like?
왓 타입 업 카 우쥬 라잌

✈ 중형차를 빌리고 싶은데요.
junghyeongchareul billigo sipeundeyo

I'd like a mid-size car.
아이드 라이커 미드 싸이즈 카

✈ 오토매틱밖에 운전하지 못합니다.
otomaetikbakke unjeonhaji motamnida

I can only drive an automatic.
아이 캔 오운리 드라이번 오러매릭

✈ 오토매틱 스포츠카를 부탁합니다.
otomaetik seupocheukareul butakamnida

I'd like an automatic sports car.
아이드 라이컨 오러매릭 스포츠 카

렌터카 요금과 보험

✈ 선불이 필요합니까?
seonburi piryohamnikka

Do I need a deposit?
두 아이 니더 디파짓

✈ 보증금은 얼마입니까?
bojeunggeumeun eolmaimnikka

How much is the deposit?
하우 머치즈 더 디파짓

✈ 1주간 요금은 얼마입니까?
iljugan yogeumeun eolmaimnikka

What's the rate per week?
왓츠 더 레잇 퍼 윅

✈ 특별요금은 있습니까?
teukbyeoryogeumeun itseumnikka

Do you have any special rates?
두 유 해버니 스페셜 레이츠

✈ 그 요금에 보험은 포함되어 있습니까?
geu yogeume boheomeun pohamdoeeo itseumnikka

Does the price include insurance?
더즈 더 프라이스 인클룻 인슈어런스

✈ 종합보험을 들어 주십시오.
jonghapboheomeul deureo jusipsio

With comprehensive insurance, please.
위드 캄프리헨시브 인슈어런스, 플리즈

UNIT 08

차를 운전할 때

미국에서는 스쿨버스가 어린이들의 승하차를 위해 정차하고 있을 때 뒷차는 정차하여 기다려야 합니다. 중앙분리대가 없는 일반도로에서는 맞은편에서 오는 모든 차도 정차해야 합니다. 주차금지 구역에 차를 세우면, 미국에서는 즉각 딱지를 떼어 렉카가 끌고 가버리고, 유럽에서는 바퀴를 잠가버립니다.

차의 ____________ 이(가) 이상합니다.
chaui i(ga) isanghamnida

The ____________ isn't working right.
더 이즌 워킹 롸잇

- □ 엔진 enjin engine 엔진
- □ 배터리 baeteori battery 배터리
- □ 액셀러레이터 aekselleoreiteo accelerator 액셀러레이러
- □ 브레이크 beureikeu brakes 브레익스

Q : (기름을) 가득 채워 주세요.
gadeuk chaewo juseyo
Fill it up, please.
휠리텁, 플리즈

A : 잠시 기다리십시오.
jamsi gidarisipsio
I'll be right with you.
아일 비 롸잇 위듀

차를 운전할 때

✈ 긴급연락처를 알려 주시겠어요?
gingeubyeollakcheoreul allyeo jusigesseoyo

Where should I call in case of an emergency?
웨어 슈다이 콜인 케이섭 언 이머전시

✈ 도로지도를 주시겠습니까?
dorojidoreul jusigetseumnikka

Can I have a road map?
캔 아이 해버 로드 맵

✈ 샌디에이고는 어느 길로 가면 됩니까?
saendieigoneun eoneu gillo gamyeon doemnikka

Which way to San Diego?
위치 웨이 투 샌디에이고

✈ 5호선으로 남쪽으로 가세요.
ohoseoneuro namjjogeuro gaseyo

Take the 5 South.
테익 더 화이브 싸우스

✈ 곧장입니까, 아니면 왼쪽입니까?
gotjangimnikka, animyeon oenjjogimnikka

Straight? Or to the left?
스트레잇 오어 투 더 랩트

✈ 몬트레이까지 몇 마일입니까?
monteureikkaji myeot mairimnikka?

How many miles to Monterey?
하우 메니 마일즈 투 몬터레이

✈ 차로 디즈니랜드는 어느 정도 걸립니까?
charo dijeunilaendeuneun eoneu jeongdo geollimnikka

How far is it to Disneyland by car?
하우 화 이짓 투 디즈니랜드 바이 카

✈ 가장 가까운 교차로는 어디입니까?
gajang gakkaun gyocharoneun eodiimnikka

What's the nearest intersection?
왓츠 더 니어리슷 인터섹션

주유 · 주차할 때

✈ 이 근처에 주유소가 있습니까?
i geuncheoe juyusoga itseumnikka

Is there a gas station near by?
이즈 데어러 개스테이션 니어 바이

✈ 가득 넣어 주세요.
gadeuk neoeo juseyo

Fill it up, please.
휠리럽, 플리즈

✈ 선불입니까, 후불입니까?
seonburimnikka, huburimnikka

Do I pay now or later?
두 아이 페이 나우 오어 래러

✈ 여기에 주차해도 됩니까?
yeogie juchahaedo doemnikka

Can I park my car here?
캔 아이 팍 마이 카 히어

차 트러블

✈ **배터리가 떨어졌습니다.**
baeteoriga tteoreojeotseumnida

The battery is dead.
더 배터리 이즈 데드

✈ **펑크가 났습니다.**
peongkeuga natseumnida

I got a flat tire.
아이 가러 훌랫 타이어

✈ **시동이 걸리지 않습니다.**
sidongi geolliji anseumnida

I can't start the engine.
아이 캔 스탓 디 엔진

✈ **브레이크가 잘 안 듣습니다.**
beureikeuga jal an deutseumnida

The brakes don't work properly.
더 브레익스 돈 워크 프라퍼리

✈ **고칠 수 있습니까?**
gochil su itseumnikka

Can you repair it?
캔 유 리페어릿

✈ **차를 돌려드리겠습니다.**
chareul dollyeodeurigetseumnida

I'll return the car.
아일 리턴 더 카

거리에서 볼 수 있는 게시판	
CAUTION	주의
MIND YOUR STEP	발밑 주의
WATCH YOUR HEAD	머리 조심
DANGER	위험
DON'T WALK	건너지 마시오
WALK	건너시오
NO TRESPASSING	무단 침입금지
WET PAINT	페인트 주의
OUT OF ORDER	고장
NOT IN USE	사용중지
NO PARKING	주차금지
PARKING–LOT	주차장
NO STANDING	정차금지
KEEP OFF GRASS	잔디에 들어가지 마시오
KEEP OUT / NO ADMITTANCE / NO ENTRANCE	출입금지
ROAD CLOSED	통행금지
ONE–WAY	일방통행
EXIT	출구
TRANSFER	갈아타는 곳
TICKET OFFICE	매표소

관 광

Travel Information

미국의 대표 관광지

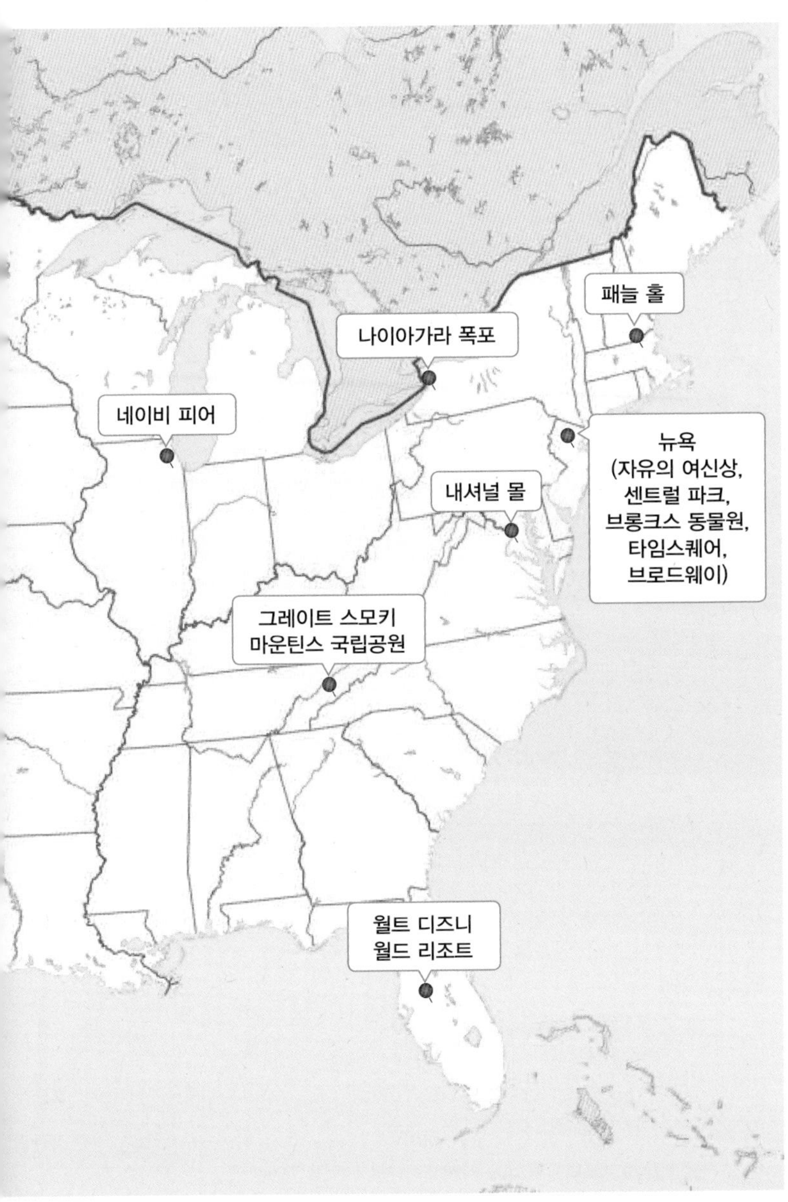
패늘 홀
나이아가라 폭포
네이비 피어
뉴욕
(자유의 여신상,
센트럴 파크,
브롱크스 동물원,
타임스퀘어,
브로드웨이)
내셔널 몰
그레이트 스모키
마운틴스 국립공원
월트 디즈니
월드 리조트

UNIT 01

관광안내소에서

관광의 첫걸음은 관광안내소에서 시작됩니다. 대부분이 시내의 중심부에 있는 볼거리 소개부터 버스 예약까지 여러 가지 서비스를 제공하고 있습니다. 미국에서는 ?, 유럽에서는 i로 표시되어 있습니다. 무료 시내지도, 지하철, 버스 노선도 등이 구비되어 있는 경우가 많으므로 정보수집에 편리합니다.

________ 투어는 있나요?
tueoneun innayo

Do you have a ________ tour?
두 유 해버 투어

- □ 1일 iril full day 풀 데이
- □ 반나절 bannajeol half-day 하프 데이
- □ 야간 yagan night 나잇
- □ 당일치기 dangilchigi come back in a day 컴 백 이너 데이

Q : 뉴욕 시내를 관광하고 싶은데요.
nyuyok sinaereul gwangwanghago sipeundeyo
I'd like to see the sights of New York.
아이드 라잌 투 씨 더 사잇츠 업 뉴욕

A : 투어에 참가하시겠습니까?
tueoe chamgahasigetseumnikka
Are you interested in a tour?
아 유 인터리스티드 이너 투어

✈ 관광안내소는 어디에 있습니까?
gwangwangannaesoneun eodie itseumnikka

Where is the tourist information office?
웨어리즈 더 투어리슷 인훠메이션 어휘스

✈ 이 도시의 관광안내 팸플릿이 있습니까?
i dosiui gwangwangannae paempeullisi itseumnikka

Do you have a sightseeing brochure for this town?
두 유 해버 싸잇씽 브로슈어 훠 디스 타운

✈ 무료 시내지도는 있습니까?
muryo sinaejidoneun itseumnikka

Do you have a free city map?
두 유 해버 후리 씨티 맵

✈ 관광지도를 주시겠어요?
gwangwangjidoreul jusigesseoyo

Can I have a sightseeing map?
캔 아이 해버 싸잇씽 맵

✈ 여기서 볼만한 곳을 가르쳐 주시겠어요?
yeogiseo bolmanhan goseul gareucheo jusigesseoyo

Could you recommend some interesting places?
쿠쥬 레커멘드 썸 인터리스팅 플레이시즈

✈ 당일치기로 어디에 갈 수 있습니까?
dangilchigiro eodie gal su itseumnikka

Where can I go for a day trip?
웨어 캔 아이 고우 훠러 데이 트립

✈ 경치가 좋은 곳을 아십니까?
gyeongchiga joeun goseul asimnikka

Do you know a place with a nice view?
두 유 노우 어 플레이스 위더 나이스 뷰

✈ 젊은 사람이 가는 곳은 어디입니까?
jeolmeun sarami ganeun goseun eodiimnikka

Where's good place for young people?
웨어즈 굿 플레이스 훠 영 피플

✈ 거기에 가려면 투어에 참가해야 합니까?
geogie garyeomyeon tueoe chamgahaeya hamnikka

Do I have to join a tour to go there?
두 아이 해브 투 조이너 투어 투 고 데어

✈ 유람선은 있습니까?
yuramseoneun itseumnikka

Are there any sightseeing boats?
아 데어래니 싸잇씽 보우츠

✈ 여기서 표를 살 수 있습니까?
yeogiseo pyoreul sal su itseumnikka

Can I buy a ticket here?
캔 아이 바이 어 티킷 히어

✈ 할인 티켓은 있나요?
harin tikeseun innayo

Do you have some discount tickets?
두 유 해브 썸 디스카운 티켓츠

✈ 지금 축제는 하고 있나요?
jigeum chukjeneun hago innayo

Are there any festivals now?
아 데어래니 페스티벌스 나우

✈ 벼룩시장 같은 것은 있나요?
byeoruksijang gateun geoseun innayo

Is there a flea market or something?
이즈 데어러 프리 마켓 오어 썸씽

거리 · 시간 등을 물을 때

✈ 여기서 멉니까?
yeogiseo meomnikka

Is it far from here?
이짓 화 후럼 히어

✈ 여기서 걸어서 갈 수 있습니까?
yeogiseo georeoseo gal su itseumnikka

Can I walk down there?
캔 아이 웍 다운 데어

✈ 왕복으로 어느 정도 시간이 걸립니까?
wangbogeuro eoneu jeongdo sigani geollimnikka

How long does it take to get there and back?
하우 롱 더짓 테익 투 겟 데어 앤 백

✈ 버스로 갈 수 있습니까?
beoseuro gal su itseumnikka

Can I go there by bus?
캔 아이 고우 데어 바이 버스

투어를 이용할 때

✈ 관광버스 투어는 있습니까?
gwangwangbeoseu tueoneun itseumnikka
Is there a sightseeing bus tour?
이즈 데어러 싸잇씽 버스 투어

✈ 어떤 투어가 있습니까?
eotteon tueoga itseumnikka
What kind of tours do you have?
왓 카인덥 투어스 두 유 해브

✈ 어디서 관광투어를 신청할 수 있습니까?
eodiseo gwangwangtueoreul sincheonghal su itseumnikka
Where can I book a sightseeing tour?
웨어 캔아이 부커 싸잇씽 투어

✈ 투어는 매일 있습니까?
tueoneun maeil itseumnikka
Do you have tours every day?
두 유 해브 투어즈 애브리 데이

✈ 오전 코스는 있습니까?
ojeon koseuneun itseumnikka
Is there a morning tour?
이즈 데어러 모닝 투어

✈ 오후 코스는 있습니까?
ohu koseuneun itseumnikka
Is there a afternoon tour?
이즈 데어러 애후터눈 투어

✈ 야간관광은 있습니까?
yagangwangwangeun itseumnikka

Do you have a night tour?
두 유 해버 나잇 투어

✈ 투어는 몇 시간 걸립니까?
tueoneun myeot sigan geollimnikka

How long does it take to complete the tour?
하우 롱 더짓 테익 투 컴플릿 더 투어

✈ 식사는 나옵니까?
siksaneun naomnikka

Are any meals included?
아 애니 밀스 인클루딧

✈ 몇 시에 출발합니까?
myeot sie chulbalhamnikka

What time do you leave?
왓 타임 두 유 리브

✈ 어디서 출발합니까?
eodiseo chulbalhamnikka

Where does it start?
웨어 더짓 스탓

✈ 한국어 가이드는 있나요?
hangugeo gaideuneun innayo

Do we have Korean-speaking guide?
두 위 해브 코리언-스피킹 가이드

UNIT 02

관광지에서

미술관이나 박물관은 휴관일을 확인하고 나서 예정을 잡읍시다. 요일에 따라서 개관을 연장하거나 할인요금이나 입장료가 달라지는 곳도 있으므로 가이드북을 보고 확인합시다. 교회나 성당은 관광지이기 전에 신성한 종교 건물입니다. 들어갈 때 정숙하지 못한 복장이나 소란은 삼가야 합니다.

______은(는) 어느 정도입니까?
eun(neun) eoneu jeongdoimnikka

How ______ is it?
하우 이짓

□ 높이	nopi	high	하이
□ 넓이	neolbi	wide	와이드
□ 역사(오래됨)	yeoksa	old	올드
□ 길이	giri	long	롱

Q : 오늘 투어에 참가할 수 있습니까?
oneul tueoe chamgahal su itseumnikka
Can I join today's tour?
캔 아이 죠인 투데이즈 투어

A : 죄송합니다만, 미리 예약을 하셔야 합니다.
joesonghamnidaman, miri yeyageul hasyeoya hamnida
Sorry, you have to book it in advance.
쏘리, 유 해브 투 부킷 인 어드밴스

관광버스 안에서

✈ 저것은 무엇입니까?
jeogeoseun mueosimnikka

What is that?
와리즈 댓

✈ 저것은 무슨 강입니까?
jeogeoseun museun gangimnikka

What is the name of that river?
와리즈 더 네임 업 댓 리버

✈ 저것은 무슨 산입니까?
jeogeoseun museun sanimnikka

What is the name of that mountain?
와리즈 더 네임 업 댓 마운턴

✈ 여기서 얼마나 머뭅니까?
yeogiseo eolmana meomumnikka

How long do we stop here?
하우 롱 두 위 스탑 히어

✈ 시간은 어느 정도 있습니까?
siganeun eoneu jeongdo itseumnikka

How long do we have?
하우 롱 두 위 해브

✈ 몇 시에 버스로 돌아오면 됩니까?
myeot sie beoseuro doraomyeon doemnikka

By what time should I be back to the bus?
바이 왓 타임 슈다이 비 백 투 더 버스

관광을 하면서

✈ 전망대는 어떻게 오릅니까?
jeonmangdaeneun eotteoke oreumnikka

How can I get up to the observatory?
하우 캔 아이 게럽 투 더 업저버터리

✈ 저 건물은 무엇입니까?
jeo geonmureun mueosimnikka

What is that building?
와리즈 댓 빌딩

✈ 누가 살았습니까?
nuga saratseumnikka

Who lived here?
후 리븟 히어

✈ 언제 세워졌습니까?
eonje sewojeotseumnikka

When was it built?
웬 워짓 빌트

✈ 퍼레이드는 언제 있습니까?
peoreideuneun eonje itseumnikka

What time do you have the parade?
왓 타임 두 유 해브 더 퍼레이드

✈ 몇 시에 돌아와요?
myeot sie dorawayo

What time will we come back?
왓 타임 윌 위 컴 백

기념품점에서

✈ 그림엽서는 어디서 삽니까?
geurimyeopseoneun eodiseo samnikka

Where can I buy picture postcards?
웨어 캔 아이 바이 픽쳐 포슷카즈

✈ 그림엽서는 있습니까?
geurimyeopseoneun itseumnikka

Do you have picture postcards?
두 유 해브 픽춰 포슷카즈

✈ 기념품 가게는 어디에 있습니까?
ginyeompum gageneun eodie itseumnikka

Where is the gift shop?
웨어리즈 더 깁트 샵

✈ 기념품으로 인기 있는 것은 무엇입니까?
ginyeompumeuro ingi inneun geoseun mueosimnikka

Could you recommend something popular for a souvenir?
쿠쥬 레커멘드 썸씽 파퓰러 훠러 수버니어

✈ 무슨 먹을 만한 곳은 있습니까?
museun meogeul manhan goseun itseumnikka

Is there a place where I can eat something?
이즈 데어러 플레이스 웨어라이 캔 잇 썸씽

✈ 이 박물관의 오리지널 상품입니까?
i bangmulgwanui orijineol sangpumimnikka

Is it an original to this museum?
이짓 언 오리지널 투 디스 뮤지엄

UNIT 03

관람을 할 때

그 도시의 정보지 등에서 뮤지컬이나, 연극, 콘서트 등 보고 싶은 것을 찾아서 호텔의 인포메이션이나 관광안내소에서 예약을 해두는 것이 좋습니다. 표는 극장의 창구에서 사는 것이 가장 확실합니다. 적어도 공연의 3일 전쯤에는 예매를 해두어야 합니다. 미국이나 유럽의 대도시에는 당일권을 반액으로 파는 경우도 있습니다.

지금 인기 있는 ＿＿＿＿＿ 은(는) 무엇입니까?
jigeum ingi inneun ＿＿＿＿＿ eun(neun) mueosimnikka

Is there a popular ＿＿＿＿＿ playing?
이즈 데어러 파퓰러 ＿＿＿＿＿ 플레잉

- □ 영화 yeonghwa movie 무비
- □ 오페라 opera opera 아퍼러
- □ 뮤지컬 myujikeol musical 뮤지컬
- □ 경기 gyeonggi play 플레이

Q : 우리들 자리는 어디죠?
urideul jarineun eodijyo
Where're the seats?
웨어러 더 씻츠

A : 안내해 드리겠습니다.
annaehae deurigetseumnida
Please follow me.
플리즈 퐐로우 미

입장권을 구입할 때

✈ **티켓은 어디서 삽니까?**
tikeseun eodiseo samnikka

Where can I buy a ticket?
웨어 캔 아이 바이어 티켓

✈ **입장료는 유료입니까?**
ipjangnyoneun yuryoimnikka

Is there a charge for admission?
이즈 데어러 챠지 훠 애드미션

✈ **입장료는 얼마입니까?**
ipjangnyoneun eolmaimnikka

How much is the admission fee?
하우 머치즈 더 애드미션 휘

✈ **어른 2장 주세요.**
eoreun dujang juseyo

Two adults, please.
투 어덜츠, 플리즈

✈ **학생 1장 주세요.**
haksaeng hanjang juseyo.

One student, please.
원 스튜던, 플리즈

✈ **단체할인은 있습니까?**
dancheharineun itseumnikka

Do you have a group discount?
두 유 해버 그룹 디스카운

미술관에서

✈ **이 티켓으로 모든 전시를 볼 수 있습니까?**
i tikeseuro modeun jeonsireul bol su itseumnikka

Can I see everything with this ticket?
캔 아이 씨 애브리씽 위디스 티킷

✈ **무료 팸플릿은 있습니까?**
muryo paempeulliseun itseumnikka

Do you have a free brochure?
두 유 해버 후리 브로슈어

✈ **짐을 맡아 주세요.**
jimeul mata juseyo

I'd like to check this baggage.
아이드 라잌 투 첵 디스 배기쥐

✈ **특별전을 하고 있습니까?**
teukbyeoljeoneul hago itseumnikka

Are there any temporary exhibitions?
아 데어래니 템퍼러리 엑서비션스

✈ **관내를 안내할 가이드는 있습니까?**
gwannaereul annaehal gaideuneun itseumnikka

Is there anyone who can guide me?
이즈 데어래니원 후 캔 가이드 미

✈ **이 그림은 누가 그렸습니까?**
i geurimeun nuga geuryeotseumnikka

Who painted this picture?
후 페인텃 디스 피춰

박물관에서

✈ 그 박물관은 오늘 엽니까?
geu bangmulgwaneun oneul yeomnikka

Is the museum open today?
이즈 더 뮤지엄 오픈 투데이

✈ 단체할인은 있나요?
danchceharineun innayo

Do you have a group discount?
두유 해버 그룹 디스카운

✈ 재입관할 수 있습니까?
jaeipgwanhal su itseumnikka

Can I reenter?
캔 아이 리엔터

✈ 내부를 견학할 수 있습니까?
naebureul gyeonhakal su itseumnikka

Can I take a look inside?
캔 아이 테이커 룩 인사이드

✈ 출구는 어디입니까?
chulguneun eodiimnikka

Where is the exit?
웨어리즈 더 에그짓

✈ 화장실은 어디입니까?
hwajangsireun eodiimnikka

Where is the rest room?
웨어리즈 더 레슷 룸

극장에서

✈ 극장 이름은 뭡니까?
geukjang ireumeun mwomnikka

What's the name of the theater?
왓츠 더 네임 업 더 씨어터

✈ 오늘 밤에는 무엇을 상영합니까?
oneul bameneun mueoseul sangyeonghamnikka

What's on tonight?
왓촌 투나잇

✈ 재미있습니까?
jaemiitseumnikka

Is it good?
이짓 굿

✈ 누가 출연합니까?
nuga churyeonhamnikka

Who appears on it?
후 어피어즈 온 잇

✈ 오늘 표는 아직 있습니까?
oneul pyoneun ajik itseumnikka

Are today's tickets still available?
아 투데이즈 티키츠 스틸 어붸일러블

✈ 몇 시에 시작됩니까?
myeot sie sijakdoemnikka

What time does it start?
왓 타임 더짓 스탓

콘서트 · 뮤지컬

✈ **뮤지컬을 보고 싶은데요.**
myujikeoreul bogo sipeundeyo

We'd like to see a musical.
위드 라잌 투 씨 어 뮤지컬

✈ **여기서 티켓을 예약할 수 있나요?**
yeogiseo tikeseul yeyakal su innayo

Can I make a ticket reservation here?
캔 아이 메이커 티켓 레저베이션 히어

✈ **이번 주 클래식 콘서트는 없습니까?**
ibeon ju keullaesik konseoteuneun eopseumnikka

Are there any classical concerts this week?
아 데어래니 클래시컬 컨서츠 디스 윅

✈ **내일 밤 표 2장 주세요.**
naeil bam pyo dujang juseyo

Two for tomorrow night, please.
투 훠 터머로우 나잇, 플리즈

✈ **가장 싼 자리는 얼마입니까?**
gajang ssan jarineun eolmaimnikka

How much is the cheapest seat?
하우 머치즈 더 칩피슷 씻

✈ **가장 좋은 자리를 주세요.**
gajang joeun jarireul juseyo

I'd like the best seats.
아이드 라잌 더 베슷 씻츠

UNIT 04

사진을 찍을 때

미술관이나 박물관에서는 사진 촬영이 금지되어 있는 곳이 많으므로 게시판을 잘 살펴야 합니다. 삼각대, 플래시는 거의 금지되어 있습니다. 함부로 다른 사람에게 카메라를 향하는 것은 예의에 어긋나므로, 찍고 싶은 상대에게 허락을 받고 나서 사진을 찍어야 합니다.

______ 을(를) 보내주시겠어요?
eul(reul) bonaejusigesseoyo

Would you send me the ______ ?
우쥬 센드 미 더

□	사진	sajin	picture	픽처
□	동영상	dongyeongsang	video	비디오
□	파일	pail	file	파일
□	엽서	yeopseo	postcard	포슷카드

Q : 사진 한 장 찍어 주시겠어요?
sajin han jang jjigeo jusigesseoyo
Will you take a picture of me?
윌 유 테이커 픽처럽 미

A : 좋습니다. 어느 버튼을 누르면 됩니까?
joseumnida. eoneu beoteuneul nureumyeon doemnikka
Okay. Which button should I press?
오케이 위치 버튼 슈다이 프레스

사진 촬영을 허락받을 때

✈ 여기서 사진을 찍어도 됩니까?
yeogiseo sajineul jjigeodo doemnikka

May I take a picture here?
메아이 테이커 픽춰 히어

✈ 여기서 플래시를 터뜨려도 됩니까?
yeogiseo peullaesireul teotteuryeodo doemnikka

May I use a flash here?
메아이 유저 훌래쉬 히어

✈ 비디오 촬영을 해도 됩니까?
bidio chwaryeongeul haedo doemnikka

May I take a video?
메아이 테이커 뷔디오

✈ 당신 사진을 찍어도 되겠습니까?
dangsin sajineul jjigeodo doegetseumnikka

May I take your picture?
메아이 테이큐어 픽춰

✈ 함께 사진을 찍으시겠습니까?
hamkke sajineul jjigeusigetseumnikka

Would you take a picture with me?
우쥬 테이커 픽춰 위드 미

✈ 미안해요, 바빠서요.
mianhaeyo, bappaseoyo

Actually, I'm in a hurry.
액츄어리, 아임 이너 허리

사진 촬영을 부탁할 때

✈ 제 사진을 찍어 주시겠어요?
je sajineul jjigeo jusigesseoyo

Would you take a picture of me?
우쥬 테이커 픽쳐 업 미

✈ 여기서 우리들을 찍어 주십시오.
yeogiseo urideureul jjigeo jusipsio

Please take a picture of us from here.
플리즈 테이커 픽춰럽 어스 후럼 히어

✈ 셔터를 누르면 됩니다.
syeoteoreul nureumyeon doemnida

Just push the button.
저슷 푸쉬 더 버튼

✈ 한 장 더 부탁합니다.
han jang deo butakamnida

One more, please.
원 모어, 플리즈

✈ 나중에 사진을 보내드리겠습니다.
najunge sajineul bonaedeurigetseumnida

I'll send you the picture.
아일 샌듀 더 픽춰

✈ 주소를 여기서 적어 주시겠어요?
jusoreul yeogiseo jeogeo jusigesseoyo

Could you write your address down here?
쿠쥬 롸이츄어 어드레스 다운 히어

필름가게에서

✈ 이거하고 같은 컬러필름은 있습니까?
igeohago gateun keolleopilleumeun itseumnikka

Do you have the same color film as this?
두 유 해브 더 세임 컬러 휘음 애즈 디스

✈ 전지는 어디서 살 수 있나요?
jeonjineun eodiseo sal su innayo

Where can I buy a battery?
웨어 캔 아이 바이 어 배터리

✈ 어디서 현상할 수 있습니까?
eodiseo hyeonsanghal su itseumnikka

Where can I have this film developed?
웨어 캔아이 해브 디스 휘음 디벨럽트

✈ 이것을 현상해 주시겠어요?
igeoseul hyeonsanghae jusigesseoyo

Could you develop this film?
쿠쥬 디벨럽 디스 휘음

✈ 인화를 해 주시겠어요?
inhwareul hae jusigesseoyo

Could you make copies of this picture?
쿠쥬 메익 카피즈 업 디스 픽춰

✈ 언제 됩니까?
eonje doemnikka

When can I have it done by?
웬 캔 아이 해빗 던 바이

UNIT 05

오락을 즐길 때

미국이나 유럽의 나이트클럽은 커플이 입장하여 세련된 쇼나 댄스 등을 보면서 식사나 음주를 즐기는 장소입니다. 주위의 분위기를 깨지 않기 위해 남자는 넥타이와 재킷, 여성도 드레스를 입습니다. 미리 호텔의 프런트나 정보지로 가게의 분위기나 쇼의 내용을 확인해두는 것이 좋습니다.

______________ 을(를) 주시겠어요?
eul(reul) jusigesseoyo

May I have a ______________ ?
메아이 해버

□ 위스키	wiseuki	whiskey	위스키
□ 콜라	kolla	coke	코크
□ 커피	keopi	coffee	커퓌
□ 맥주	maekju	beer	비어

Q : 쇼는 언제 시작됩니까?
syoneun eonje sijakdoemnikka
When does the show start?
웬 더즈 더 쇼우 스탓

A : 곧 시작됩니다.
got sijakdoemnida
Very soon, sir.
베리 순, 써

나이트클럽에서

✈ **좋은 나이트클럽은 있나요?**
joeun naiteukeulleobeun innayo

Do you know of a good nightclub?
두 유 노우 어뷔 굿 나잇클럽

✈ **디너쇼를 보고 싶은데요.**
dineosyoreul bogo sipeundeyo

I want to see a dinner show.
아이 원 투 씨 어 디너 쇼우

✈ **이건 무슨 쇼입니까?**
igeon museun syoimnikka

What kind of show is this?
왓 카인덥 쇼우 이즈 디스

✈ **무대 근처 자리로 주시겠어요?**
mudae geuncheo jariro jusigesseoyo

Can I have a table near the stage, please?
캔아이 해버 테이블 니어 더 스테이지, 플리즈

✈ (클럽에서) **어떤 음악을 합니까?**
eotteon eumageul hamnikka

What kind of music are you performing?
왓 카인덥 뮤직 아유 퍼훠밍

✈ **함께 춤추시겠어요?**
hamkke chumchusigesseoyo

Will you dance with me?
윌 유 댄스 위드 미

디스코텍에서

✈ 근처에 디스코텍은 있습니까?
geuncheoe diseukotegeun itseumnikka

Are there any discos around here?
아 데어래니 디스코스 어롸운 히어

✈ 몇 시까지 합니까?
myeot sikkaji hamnikka

How late is it open?
하우 레이티즈 잇 오픈

✈ 젊은 사람이 많습니까?
jeolmeun sarami manseumnikka

Are there many young people?
아 데어 메니 영 피플

✈ 여기서 한잔 안 할래요?
yeogiseo hanjan an hallaeyo

Would you like to drink with us?
우쥬 라잌 투 드링 위드 어스

✈ 어서 오십시오. 몇 분이십니까?
eoseo osipsio. myeot bunisimnikka

Good morning. How many?
굿 모닝 하우 메니

✈ 무엇을 드시겠습니까?
mueoseul deusigetseumnikka

What would you like to drink?
왓 우쥬 라잌 투 드링

카지노에서

✈ 카지노는 몇 시부터 합니까?
kajinoneun myeot sibuteo hamnikka

What time does the casino open?
왓 타임 더즈 더 커시노 오픈

✈ 좋은 카지노를 소개해 주시겠어요?
joeun kajinoreul sogaehae jusigesseoyo

Could you recommend a good casino?
쿠쥬 레커멘더 굿 커시노

✈ 카지노는 아무나 들어갈 수 있습니까?
kajinoneun amuna deureogal su itseumnikka

Is everyone allowed to enter casinos?
이즈 애브리원 얼라우드 투 엔터 커시노스

✈ 칩은 어디서 바꿉니까?
chibeun eodiseo bakkumnikka

Where can I get chips?
웨어 캔아이 겟 칩스

✈ 현금으로 주세요.
hyeongeumeuro juseyo

Cash, please.
캐쉬, 플리즈

✈ 맞았다! / 이겼다!
majatda / igyeotda

Jackpot! / Bingo!
잭폿 / 빙고

UNIT 06

스포츠를 즐길 때

인기가 있는 프로스포츠는 미리 예매를 해두어야 매진으로 허탕치는 일이 없습니다. 경기장에 가기 전에 반드시 표를 구할 수 있는지 확인하는 것이 좋습니다. 미국은 메이저리그 야구시합, 아메리칸풋볼, 농구 등에 열광적인 팬이 많아서 관객들의 흥분에 주의를 기울여야 합니다.

저는 ______________ 을(를) 하고 싶습니다.
jeoneun eul(reul) hago sipseumnida

I'd like to ______________ .
아이드 라잌 투

□ 골프	golpeu	play golf	플레이 골프
□ 테니스	teniseu	play tennis	플레이 테니스
□ 스키	seuki	go skiing	고우 스킹
□ 서핑	seoping	go surfing	고우 서핑

Q : 함께하시겠어요?
hamkkehasigesseoyo
Would you join us?
우쥬 죠이너스

A : 고맙습니다.
gomapseumnida
Thank you.
땡큐

스포츠를 관전할 때

✈ 농구시합을 보고 싶은데요.
nonggusihabeul bogo sipeundeyo

I'd like to see a basketball game.
아이드 라잌 투 씨 어 배스킷볼 게임

✈ 오늘 프로야구 시합은 있습니까?
oneul peuroyagu sihabeun itseumnikka

Is there a professional baseball game today?
이즈 데어러 프러훼셔널 베이스볼 게임 투데이

✈ 어디서 합니까?
eodiseo hamnikka

Where is the stadium?
웨어리즈 더 스테이디엄

✈ 몇 시부터입니까?
myeot sibuteoimnikka

What time does it begin?
왓 타임 더짓 비긴

✈ 어느 팀의 시합입니까?
eoneu timui sihabimnikka

Which teams are playing?
위치 팀스 아 플레잉

✈ 표는 어디서 삽니까?
pyoneun eodiseo samnikka

Where can I buy a ticket?
웨어 캔아이 바이어 티킷

골프 · 테니스

✈ 골프를 하고 싶은데요.
golpeureul hago sipeundeyo
We'd like to play golf.
위드 라익 투 플레이 골후

✈ 테니스를 하고 싶은데요.
teniseureul hago sipeundeyo
We'd like to play tennis.
위드 라익 투 플레이 테니스

✈ 골프 예약을 부탁합니다.
golpeu yeyageul butakamnida
Can I make a reservation for golf?
캔 아이 메이커 레저베이션 훠 골후

✈ 오늘 플레이할 수 있습니까?
oneul peulleihal su itseumnikka
Can we play today?
캔 위 플레이 투데이

✈ 그린피는 얼마입니까?
geurinpineun eolmaimnikka
How much is the green fee?
하우 머치즈 더 그린 휘

✈ 이 호텔에 테니스코트는 있습니까?
i hotere teniseukoteuneun itseumnikka
Do you have a tennis court in the hotel?
두 유 해버 테니스 코웃 인 더 호텔

스키 · 크루징

✈ 스키를 타고 싶은데요.
seukireul tago sipeundeyo

I'd like to ski.
아이드 라익 투 스키

✈ 레슨을 받고 싶은데요.
reseuneul batgo sipeundeyo

I'd like to take ski lessons.
아이드 라익 투 테익 스키 레슨스

✈ 스키용품은 어디서 빌릴 수 있나요?
seukiyongpumeun eodiseo billil su innayo

Where can I rent ski equipment?
웨어 캔 아이 렌트 스키 이큅먼

✈ 짐은 어디에 보관하나요?
jimeun eodie bogwanhanayo

Where's the checkroom?
웨어즈 더 첵룸

✈ 리프트 승강장은 어디인가요?
ripeuteu seunggangjangeun eodiingayo

Where can I get on a ski lift?
웨어 캔 아이 겟 론 어 스키 리프트

✈ 어떤 종류의 크루징이 있습니까?
eotteon jongnyuui keurujingi itseumnikka

What kind of cruising do you have?
왓 카인덥 크루징 두 유 해브

○야간관광

해외에서 야간관광을 즐기는 것도 멋진 일이다. 극장이나 나이트쇼, 오페라 등 당일 표를 구입하고 싶을 때는 우선 호텔 안내소에서 일단 물어본다. 복장은 정장인지 편안한 복장인지 확인하고 나갈 것.

○스포츠

미식축구, 프로야구, 프로농구, 프로축구 등 본고장의 스포츠를 직접 보는 것만큼 재미있는 일은 없을 것이다. 여행 일정이 허락하면 신문에 필요한 스포츠 정보가 있으므로 보고 표를 구입하여 그 고장의 경기장에서 직접 관람하며 열기를 느껴보자.

○카지노

카지노는 우리나라에서 생각하는 것만큼 불건전한 느낌은 없다. 공인된 갬블이므로 여행자라면 꼭 한번 가보고 싶은 곳이기도 하다. 단, 예산 한도 내의 돈만 가지고 가는 것이 무난하다.

○야간관광의 안전대책

야간에 관광을 하거나 오락을 즐길 때는 불행한 일을 당하지 않도록 호텔 안내소에서 위험한 지역을 물어보는 것이 좋다. 가능하면 혼자 나가는 것보다 여럿이 나가는 것이 안전하다.

쇼 핑

쇼핑에 관한 정보

쇼핑에 관한 정보

짧은 시간에 효율적인 쇼핑을 하려면 살 물건의 리스트를 미리 만들어 두는 것이 좋다. 또 각 도시의 특산물과 선물 품목 및 상점가의 위치 등을 미리 조사해 두는 것도 한 방법이다. 양주, 담배, 향수 등은 공항의 면세점에서 싸게 살 수 있으므로 맨 마지막에 공항에서 사도록 한다. 값이 싼 물건은 별 문제없지만 비싼 물건은 가게에 따라 값도 매우 다르므로 한 집에서 결정하지 말고 몇 집 다녀본 뒤 좋은 것을 선택하는 것이 바람직하다. 특히 보석이나 시계는 신뢰할 만한 가게에서 사야 한다. 백화점이나 고급 상점 말고 일반적인 선물 가게나 노점 같은 데서는 값을 깎아도 실례가 되지 않는다. 시장 같은 데서는 흥정해 보는 것도 괜찮다. 외국에서 쇼핑을 할 때는 우선 상점의 영업시간에 유의해야 한다. 나라마다 다르지만 보통 토요일 오후와 일요일 축제일은 휴업이다. 그러나 대부분의 나라에서 여행자를 상대로 하는 선물 가게는 연중무휴이다.

백화점 쇼핑 에티켓

상품을 고를 때 직접 만져보지 말고 보여 달라고 청하도록 한다. 또한 나라마다 물건값 흥정이 있을 수도 있고, 없을 수도 있는데, 동남아, 중국, 남미, 유럽 등에서는 일류 백화점이나 면세점이 아니면 물건값을 깎아도 무방하나, 미국이나 서유럽에서는 물건값을 깎는 것이 실례가 된다는 사실을 알아두어야 한다.

면세점

면세로 쇼핑이 가능한 것은 해외여행자의 큰 특전이다. 세계의 거의 모든 국제공항의 출국 대합실에는 Duty Free 간판을 걸고 술, 향수, 담배, 보석, 귀금속 등을 파는 면세점이 있다. 나라나 도시에 따라서는 시내에도 공인 면세점이 있어서 해외여행자의 인기를 모으고 있다.

○국내 면세점: 내국인이 국내 면세점을 이용하면 외화를 국내에서 소비함으로써 국가경쟁력에 도움이 되고, 쇼핑할 때 가장 중요한 언어문제가 해결되기 때문에 마음 놓고 물건을 고를 수 있다. 그러나 국내 면세점에서 구입한 물건은 반드시 공항에서 찾아 여행하는 동안 지니고 있다가 반입해야 한다는 불편함이 있다.

○공항 면세점: 공항 내 면세점은 출국절차를 마친 여행객이 들를 수 있다. 특히 인천공항의 면세점은 규모나 브랜드 종류 등 여러 면에서 세계 최고라고 해도 과언이 아니다. 여행 목적지 세관에서 정하는 기준만큼 구입해야 세금을 물지 않는다.

○기내 면세점: 기내에서 서비스 차원으로 운영하는 면세점으로 각 좌석에 상품 카탈로그가 비치되어 있어 물품의 종류와 가격을 알 수 있다. 하지만 비행기 안에 실을 수 있는 양이 정해져 있으므로 뒤쪽에 좌석이 배정되면 물품을 구입하기가 쉽지 않다.

○면세점 이용 대상: 출국 예정자로 항공편이 확정된 후부터 출국 5시간 전까지 면세점을 이용할 수 있다. 특히 국내 면세점을 이용하기 위해서는 우선 여권과 항공권이 필수. 그러나 단체여행의 경우 대부분 여행사가 항공권을 보관하고 있다. 따라서 이때에는 항공편명과 출국시간을 확인하고 가야 한다.

○이용한도: 내국인, 외국인 모두 구매 한도가 없다. 국내 면세점에서 구입한 물건은 값을 지불한 면세점에서 바로 물건을 가져가는 것이 아니라 출국하는 날, 공항 면세점에서 찾아가야 한다.

○물품 인도: 시내 각 면세점에 가서 구입한 상품은 출국 직전 여권과 물품교환권을 제시하고 물품 인도장에서 인도받는다.

○대금 지불: 원화, 엔화, 미화, 신용카드

○면세점 이용 시 주의사항: 면세품을 구입할 때에는 반드시 영수증과 교환권을 받아두어야 한다. 영수증은 애프터서비스를 받을 때 필요하므로 잘 보관해두자. 교환권은 구입한 물건을 출국 1~2시간 전에 국제공항의 정해진 면세품 인도장에서 제시해야만 찾을 수 있다. 만일 항공편이나 출국일자 및 시간이 변경되었을 때는 출국 5시간까지 각 면세점 보세 상품 운송실로 연락해야 한다.

UNIT 01

가게를 찾을 때

쇼핑은 여행의 커다란 즐거움의 하나입니다. 싼 가게, 큰 가게, 멋진 가게, 대규모의 쇼핑센터 등을 사전에 알아두면 편리합니다. 한국과는 달리 유럽이나 미국에서는 일요일에 쉬는 가게가 많으므로 영업시간이나 휴업일을 미리 알아둡시다. 바겐시즌은 미국의 경우 1월, 3월, 11월이고, 영국에서는 6~7월, 12~1월로 나라에 따라 다릅니다.

이 주변에 ______________ 이(가) 있습니까?
i jubyeone ______________ i(ga) itseumnikka

Is there a ______________ around here?
이즈 데어러 ______________ 어롸운 히어

- □ 슈퍼마켓 syupeomaket supermarket 슈퍼마켓
- □ 쇼핑센터 syopingsenteo shopping center 샤핑 센터
- □ 선물가게 seonmulgage gift store 깁트 샵
- □ 보석가게 boseokgage jewelery store 쥬얼리 스토어

Q : 이건 어디서 살 수 있습니까?
igeon eodiseo sal su itseumnikka
Where can I buy this?
웨어 캔아이 바이 디스

A : 할인점에서 살 수 있습니다.
harinjeomeseo sal su itseumnida
At the discount shop.
앳 더 디스카운 샵

쇼핑센터를 찾을 때

✈ 쇼핑센터는 어디에 있습니까?
syopingsenteoneun eodie itseumnikka

Where's shopping mall?
웨어즈 샤핑 몰

✈ 이 도시의 쇼핑가는 어디에 있습니까?
i dosiui syopingganeun eodie itseumnikka

Where is the shopping area in this town?
웨어즈 더 샤핑 에리어 인 디스 타운

✈ 쇼핑 가이드는 있나요?
syoping gaideuneun innayo

Do you have a shopping guide?
두 유 해버 쇼핑 가이드

✈ 선물은 어디서 살 수 있습니까?
seonmureun eodiseo sal su itseumnikka

Where can I buy some souvenirs?
웨어 캔 아이 바이 썸 수버니어스

✈ 면세점은 있습니까?
myeonsejeomeun itseumnikka

Is there a duty-free shop?
이즈 데어러 듀티-후리 샵

✈ 이 주변에 백화점은 있습니까?
i jubyeone baekwajeomeun itseumnikka

Is there a department store around here?
이즈 데어러 디파러먼 스토어 어롸운 히어

가게를 찾을 때

✈ 가장 가까운 식료품점은 어디에 있습니까?
gajang gakkaun singnyopumjeomeun eodie itseumnikka

Where's the nearest grocery store?
웨어즈 더 니어리슷 그로우서리 스토어

✈ 편의점을 찾고 있습니다.
pyeonuijeomeul chatgo itseumnida

I'm looking for a convenience store.
아임 룩킹 훠러 컨뷔니언스 스토어

✈ 좋은 스포츠 용품점을 가르쳐 주시겠어요?
joeun seupocheu yongpumjeomeul gareucheo jusigesseoyo

Could you recommend a good sporting goods store?
쿠쥬 레커멘더 굿 스포팅 굿즈 스토어

✈ 세일은 어디서 하고 있습니까?
seireun eodiseo hago itseumnikka

Who's having a sale?
후즈 해빙 어 세일

✈ 이 주변에 할인점은 있습니까?
i jubyeone harinjeomeun itseumnikka

Is there a discount shop around here?
이즈 데어러 디스카운 샵 어롸운 히어

✈ 그건 어디서 살 수 있나요?
geugeon eodiseo sal su innayo

Where can I buy it?
웨어 캔 아이 바이 잇

가게로 가고자 할 때

✈ 그 가게는 오늘 열려 있습니까?
geu gageneun oneul yeollyeo itseumnikka

Is that shop open today?
이즈 댓 샵 오픈 투데이

✈ 여기서 멉니까?
yeogiseo meomnikka

Is that far from here?
이즈 댓 화 후럼 히어

✈ 몇 시에 문을 엽니까?
myeot sie muneul yeomnikka

What time do you open?
왓 타임 두 유 오픈

✈ 몇 시에 문을 닫습니까?
myeot sie muneul datseumnikka

What time do you close?
왓 타임 두 유 클로우즈

✈ 영업시간은 몇 시부터 몇 시까지입니까?
yeongeopsiganeun myeot sibuteo myeot sikkajiimnikka

What are your business hours?
워라유어 비즈니스 아워즈

✈ 몇 시까지 합니까?
myeot sikkaji hamnikka

How late are you open?
하우 레잇 아유 오픈

여러 가지 가게	
백화점	department store [디파러먼 스토어]
쇼핑몰	shopping mall [샤핑 몰]
슈퍼마켓	supermarket [슈퍼마켓]
아울렛	outlet shop [아울렛 샵]
할인점	discount shop [디스카운 샵]
편의점	convenience store [컨비니언스 스토어]
부티크	boutique [부티크]
가구점	furniture shop [퍼니춰 샵]
보석점	jewelery store [쥬얼리 스토어]
카메라점	camera shop [캐머러 샵]
구둣가게	shoe shop [슈 샵]
문방구점	stationery shop [스테이셔너리 샵]
서점	bookstore [북스토어]
스포츠용품점	sporting goods shop [스포팅 굿즈 샵]
골동품점	antique shop [앤틱 샵]
완구점	toy shop [토이 샵]
식기점	tableware shop [테이블웨어 스토어]
식료품점	grocery store [그로우서리 샵]
주류점	liquor shop [리커 샵]
드러그스토어	drugstore [드럭스토어]

쇼핑의 기본 단어	
선물	gift [깁트]
특매품	sale goods [세일 굿즈]
브랜드	brand [브랜드]
메이커	maker [메이커]
종이봉지	paper bag [페이퍼 백]
레지스터	cashier [캐쉬어]
점원	clerk [크럭]
윈도우	window [윈도우]
가격인하	discount [디스카운]
바겐세일	sale [세일]
한국제품	Korean product [코리언 프러덕]

슈퍼마켓에서 볼 수 있는 표시	
FISH and SEAFOOD	어패류
MEATS	육류
FRESH FRUITS	과일
VEGETABLES	야채
PRODUCE	농산물
DELI	반찬
DAIRY PRODUCTS	유제품
CANNED GOODS	캔제품
FROZEN FOOD	냉동식품
DIET FOOD	건강식품
SPICES	향신료
BEVERAGES	청량음료
LIQUOR	주류
CLOTHING	의류
BREAD and BAKERY GOODS	빵, 케이크 등
CEREAL	콘플레이크 등
CANDY and DESSERTS	과자, 케이크 등
SOFT DRINKS	알코올이 없는 음료
KITCHEN UTENSILS	부엌용품
TOILETRIES	(저가) 화장품
HOUSEHOLD GOODS	가정용품
PAPER PRODUCTS	티슈 등 종이류
STATIONERY, SCHOOL SUPPLIES	문방구, 학용품

UNIT 02

물건을 찾을 때

가게에 들어가면 점원에게 가볍게 Hello!나 Hi!라고 인사를 합시다. 점원이 Are you looking for something?(무엇을 찾으십니까?)이라고 물었을 때 살 마음이 없는 경우에는 I'm just looking.(그냥 둘러볼게요.)이라고 대답합니다. 말을 걸었는데 대답을 하지 않거나 무시하는 것은 상대에게 실례가 됩니다.

__________ 을(를) 보여 주세요.
eul(reul) boyeo juseyo

Please show me __________ .
플리즈 쇼 미

□	이것	igeot	this	디스
□	저것	jeogeot	that	댓
□	티셔츠	tisyeocheu	T-shirt	티 셔츠
□	선글라스	seongeullaseu	sunglasses	선글래시즈

Q : 무얼 찾으십니까?
mueol chajeusimnikka
What can I do for you?
왓 캔아이 두 훠유

A : 스커트를 찾고 있는데요.
seukeoteureul chatgo inneundeyo
I'm looking for a skirt.
아일 룩킹 훠러 스커엇

가게에 들어서서

✈ (점원) 어서 오십시오.
eoseo osipsio

What can I do for you?
왓 캔 아이 두 훠 유

✈ 무얼 찾으십니까?
mueol chajeusimnikka

May I help you?
메아이 핼퓨

✈ 그냥 보고 있을 뿐입니다.
geunyang bogo isseul ppunimnida

I'm just looking.
아임 저슷 룩킹

✈ 필요한 것이 있으면 말씀하십시오.
piryohan geosi isseumyeon malsseumhasipsio

If you need any help, let me know.
이퓨 니드 애니 핼프, 렛 미 노우

물건을 찾을 때

✈ 여기 잠깐 봐 주시겠어요?
yeogi jamkkan bwa jusigesseoyo

Hello. Can you help me?
헬로. 캔 유 핼 미

✈ 블라우스를 찾고 있습니다.
beullauseureul chatgo itseumnida

I'm looking for a blouse.
아임 룩킹 훠러 블라우스

✈ 코트를 찾고 있습니다.
koteureul chatgo itseumnida

I'm looking for a coat.
아임 룩킹 훠러 코트

✈ 운동화를 사고 싶은데요.
undonghwareul sago sipeundeyo

I want a pair of sneakers.
아이 원트 어 페어 오브 스니커스

✈ 아내에게 선물할 것을 찾고 있습니다.
anaeege seonmulhal geoseul chatgo itseumnida

I'm looking for something for my wife.
아임 룩킹 훠 썸씽 훠 마이 와입

✈ 캐주얼한 것을 찾고 있습니다.
kaejueolhan geoseul chatgo itseumnida

I'd like something casual.
아이드 라잌 썸씽 캐주얼

✈ 선물로 적당한 것은 없습니까?
seonmullo jeokdanghan geoseun eopseumnikka

Could you recommend something good for a souvenir?
쿠쥬 레커멘 썸씽 굿 훠러 수버니어

✈ 샤넬은 있습니까?
syanereun itseumnikka

Do you have Chanel?
두 유 해브 샤넬

구체적으로 찾는 물건을 말할 때

✈ **저걸 보여 주시겠어요?**
jeogeol boyeo jusigesseoyo

Would you show me that one?
우쥬 쇼우 미 댓 원

✈ **면으로 된 것이 필요한데요.**
myeoneuro doen geosi piryohandeyo

I'd like something in cotton.
아이드 라잌 썸씽 인 카튼

✈ **이것과 같은 것이 있습니까?**
igeotgwa gateun geosi itseumnikka

Do you have any more like this?
두 유 해버니 모어 라잌 디스

✈ **이것뿐입니까?**
igeotppunimnikka

Is this all?
이즈 디스 올

✈ **이것 6호는 있습니까?**
igeot yukoneun itseumnikka

Do you have this in size six?
두 유 해브 디씬 싸이즈 씩스

✈ **30세 정도의 남자에게는 뭐가 좋을까요?**
samsipse jeongdoui namjaegeneun mwoga joeulkkayo

What do you suggest for a thirty-year-old man?
왓 두 유 서제슷 훠러 써리-이어-올드 맨

UNIT 03

물건을 고를 때

가게에 들어가서 상품에 함부로 손을 대지 않도록 합시다. 우리와 달리 유럽이나 미국에서 진열되어 있는 상품은 어디까지나 샘플이기 때문에, 진열품에 손을 대는 것은 살 마음이 있다고 생각하게 하는 행동입니다. 보고 싶을 경우에는 옆에 있는 점원에게 부탁을 해서 꺼내오도록 해야 합니다.

이건 저에게 너무 ________ .
igeon jeoege neomu

This is too ________ for me.
디씨즈 투 휘 미

□ 큽니다	keumnida	big	빅
□ 작습니다	jakseumnida	small	스몰
□ 깁니다	gimnida	long	롱
□ 짧습니다	jjalseumnida	short	숏

Q : 어떤 게 좋을까요?
eotteon ge joeulkkayo
Which one looks better?
위치 원 룩스 배러

A : 모두 어울립니다.
modu eoullimnida
They both look good on you.
데이 보쓰 룩 굿 온 유

물건을 보고 싶을 때

✈ 그걸 봐도 될까요?
geugeol bwado doelkkayo

May I see it?
메아이 씨 잇

✈ 몇 개 보여 주세요.
myeot gae boyeo juseyo

Could you show me some?
쿠쥬 쇼우 미 썸

✈ 이 가방을 보여 주시겠어요?
i gabangeul boyeo jusigesseoyo

Could you show me this bag?
쿠쥬 쇼우 미 디스 백

✈ 다른 것을 보여 주시겠어요?
dareun geoseul boyeo jusigesseoyo

Can you show me another one?
캔 유 쇼우 미 어나더 원

✈ 더 품질이 좋은 것은 없습니까?
deo pumjiri joeun geoseun eopseumnikka

Do you have anything of better quality?
두 유 해브 애니씽 업 배러 퀄러티

✈ 잠깐 다른 것을 보겠습니다.
jamkkan dareun geoseul bogetseumnida

I'll try somewhere else.
아일 트라이 썸웨어 엘스

색상을 고를 때

무슨 색이 있습니까?
museun saegi itseumnikka

What kind of colors do you have?
왓 카인업 컬러스 두 유 해브

빨간 것은 있습니까?
ppalgan geoseun itseumnikka

Do you have a red one?
두 유 해버 레드 원

너무 화려(수수)합니다.
neomu hwaryeo(susu)hamnida

This is too flashy(plain).
디씨즈 투 흘래쉬(플레인)

더 화려한 것은 있습니까?
deo hwaryeohan geoseun itseumnikka

Do you have a flashier one?
두 유 해버 흘래쉬어 원

더 수수한 것은 있습니까?
deo susuhan geoseun itseumnikka

Do you have a plainer one?
두 유 해버 플레이너 원

이 색은 좋아하지 않습니다.
i saegeun joahaji anseumnida

I don't like this color.
아이 돈 라잌 디스 컬러

디자인을 고를 때

✈ 다른 스타일은 있습니까?
dareun seutaireun itseumnikka

Do you have any other style?
두 유 해버니 아더 스타일

✈ 어떤 디자인이 유행하고 있습니까?
eotteon dijaini yuhaenghago itseumnikka

What kind of style is now in fashion?
왓 카인돕 스타일 이즈 나우 인 패션

✈ 이런 디자인은 좋아하지 않습니다.
ireon dijaineun joahaji anseumnida

I don't like this design.
아이 돈 라잌 디스 디자인

✈ 다른 디자인은 있습니까?
dareun dijaineun itseumnikka

Do you have any other design?
두 유 해버니 아더 디자인

✈ 디자인이 비슷한 것은 있습니까?
dijaini biseutan geoseun itseumnikka

Do you have one with a similar design?
두 유 해브 원 위더 씨멀러 디자인

✈ 이 벨트는 남성용입니까?
i belteuneun namseongyongimnikka

Is this belt for men?
이즈 디스 벨트 훠 멘

사이즈를 고를 때

✈ 어떤 사이즈를 찾으십니까?
eotteon saijeureul chajeusimnikka

What size are you looking for?
왓 사이즈 아유 룩킹 훠

✈ 사이즈는 이것뿐입니까?
saijeuneun igeotppunimnikka

Is this the only size you have?
이즈 디스 디 온리 사이즈 유 해브

✈ 제 사이즈를 모르겠는데요.
je saijeureul moreugenneundeyo

I don't know my size.
아이 돈 노우 마이 사이즈

✈ 사이즈를 재주시겠어요?
saijeureul jaejusigesseoyo

Could you measure me?
쿠쥬 메줘 미

✈ 더 큰 것은 있습니까?
deo keun geoseun itseumnikka?

Do you have a bigger one?
두 유 해버 비거 원

✈ 더 작은 것은 있습니까?
deo jageun geoseun itseumnikka

Do you have a smaller one?
두 유 해버 스몰러 원

품질에 대한 질문

✈ 재질은 무엇입니까?
jaejireun mueosimnikka

What's this made of?
왓츠 디스 메이덥

✈ 미국제품입니까?
migukjepumimnikka

Is this made in U.S.A?
이즈 디스 메이딘 유 에스 에이

✈ 질은 괜찮습니까?
jireun gwaenchanseumnikka

Is this good quality?
이즈 디스 굿 퀄러티

✈ 이건 실크 100%입니까?
igeon silkeu baekpeosenteu imnikka

Is this 100%(a hundred percent) silk?
이즈 디스 어 헌드러드 퍼센 실크

✈ 이건 수제입니까?
igeon sujeimnikka

Is this hand-made?
이즈 디스 핸드 메이드

✈ 이건 무슨 향입니까?
igeon museun hyangimnikka

What's this fragrance?
왓츠 디스 후레이그런스

의복류	
양복	suit [슷]
바지	trousers [트라우저즈]
와이셔츠	shirt [셔츠]
넥타이	tie/cravat [타이/크러뱃]
재킷	jacket [재킷]
스커트	skirt [스컷]
원피스	dress [드레스]
투피스	two-piece dress [투-피스 드레스]
블라우스	blouse [브라우스]
스웨터	sweater [스웨터]
셔츠	shirt [셔츠]
카디건	cardigan [카디건]
팬티	panty/shorts [팬티/숏츠]
브래지어	bra/brassiere [브라/브러지어]
스타킹	stockings [스타킹스]
양말	socks [삭스]

무늬/소재/색상	
체크무늬	check [체크]
줄무늬	stripe [스트라이프]
무지의	solid [솔리드]
옷감	material [머티어리얼]
면	cotton [카튼]
견	silk [실크]
모	wool [울]
폴리에스테르	polyester [팔리에스터]
가죽	leather [래더]
하얀색	white [화잇]
빨간색	red [레드]
검정색	black [블랙]
파란색	blue [블루]
분홍색	pink [핑크]
갈색	brown [브라운]

사이즈	
사이즈	size [사이즈]
큰	big/large [빅/라쥐]
작은	small [스몰]
긴	long [롱]
짧은	short [숏]
헐렁한	loose [루즈]
꽉 끼는	tight [타잇]
(폭이) 좁은	narrow [내로우]
넓은	wide [와이드]
(소재가) 두터운	thick [틱]
얇은	thin [틴]

구두/가방/액세서리	
숙녀화	women's shoes [우먼스 슈즈]
신사화	men's shoes [멘스 슈즈]
아동화	children's shoes [췰드런스 슈즈]
운동화	sneakers [스니커스]
하이힐	high-heeled shoes [하이-힐드 슈즈]
로힐	low-heeled shoes [로-힐드 슈즈]
핸드백	handbag [핸드백]
숄더백	shoulder bag [숄더 백]
클러치백	clutch bag [클러취 백]
보스턴백	overnight bag [오버나잇 백]
서류가방	briefcase [브리프케이스]
목걸이	necklace [넥클레이스]
귀걸이	earrings [이어링스]
브로치	brooch [브로우취]
반지	ring [링]
팔찌	bracelet [브레이슬릿]
안경	glasses [글래시즈]
선글라스	sunglasses [선글래시즈]
벨트	belt [벨트]
지갑	billfold [빌포울드]

일회용품	
티슈	tissue [티슈]
치약	toothpaste [투쓰페이슷]
칫솔	toothbrush [투쓰브러쉬]
빗	comb [코움]
헤어브러시	hairbrush [헤어브러쉬]
헤어스프레이	hair spray [헤어 스프레이]
헤어크림	hair cream [헤어 크림]
핸드크림	hand cream [핸드 크림]
화장품	cosmetics [카즈메틱]
파운데이션	foundation [파운데이션]
립스틱	lipstick [립스틱]

문방구	
볼펜	ball-point pen [볼-포인 펜]
만년필	fountain pen [파운틴 펜]
샤프펜슬	mechanical pencil [머케니컬 펜슬]
수첩	notebook [노트북]
편지지	writing card [롸이팅 카드]
봉투	envelope [엔벌로웁]
캘린더	calendar [캘런더]
트럼프	(a pack of) cards [(어 팩 옵) 카즈]

식료품	
맥주	beer [비어]
주스	juice [쥬스]
우유	milk [밀크]
요구르트	yogurt [요우걸트]
초콜릿	chocolate [춰콜릿]
껌	chewing gum [츄잉 검]
커피	coffee [커피]
홍차	tea [티]
통조림	canned food [캔드 푸드]
라면	instant ramen [인스턴 라먼]

세계 주요 국가의 화폐 단위

한국	원	Won	₩
미국	달러	U.S. Dollar	$
일본	엔	Yen	¥
캐나다	달러	Canadian Dollar	CAN$
호주	달러	Australian Dollar	A$
영국	파운드	Pound	£
독일	유로	Euro Money	€
프랑스	유로	Euro Money	€
스위스	프랑	Swiss France	S.FR.
덴마크	크로네	Danish Krone	D.KR.
이탈리아	유로	Euro Money	€.
이집트	파운드	Egyptian Pound	L.E.
인도	루피	Rupee	I.Re.
러시아	루블	Rouble	RBL.
태국	바트	Bath	B
홍콩	달러	Hongkong Dollar	HK.$
중국	위안	Yuan(元)	RMB
대만	달러	New Taiwan Dollar	NT.$
네덜란드	유로	Euro Money	€
스페인	유로	Euro Money	€
인도네시아	루피아	Indonesian Rupiah	IND.RP.

UNIT 04

백화점·면세점에서

백화점은 가장 안전하고 좋은 물건을 구입할 수 있는 곳입니다. 또한 저렴하게 좋은 물건을 구입할 수 있는 곳으로는 국제공항의 출국 대합실에 Duty Free라는 간판을 내걸고 술, 향수, 보석, 담배 등을 파는 면세점이 있습니다. 나라나 도시에 따라서는 시내에도 공인 면세점이 있어 해외여행자의 인기를 모으고 있습니다.

_________ 은(는) 몇 층에 있습니까?
eun(neun) myeot cheunge itseumnikka

What floor is _________ on?
왓 플러리즈 온

- □ 남성복 namseongbok men's wear 맨스 웨어
- □ 여성복 yeoseongbok women's wear 위민스 웨어
- □ 장난감 jangnangam toy 토이
- □ 화장품 hwajangpum cosmetics 카즈메틱스

Q : 여행 선물용 술을 찾고 있는데요.
yeohaeng seonmuryong sureul chatgo inneundeyo
I'm looking for liquor for a souvenir.
아임 룩킹 훠 리쿼 훠러 수붜니어

A : 여권을 보여 주시겠어요?
yeogwoneul boyeo jusigesseoyo
May I see your passport?
메아이 씨 유어 패스폿

매장을 찾을 때

✈ 신사복 매장은 몇 층입니까?
sinsabok maejangeun myeot cheungimnikka

What floor is men's wear on?
왓 훌러리즈 맨스 웨어 온

✈ 여성용 매장은 어디에 있습니까?
yeoseongyong maejangeun eodie itseumnikka

Where's the ladies' department?
웨어즈 더 레이디즈 디파러먼

✈ 화장품은 어디서 살 수 있습니까?
hwajangpumeun eodiseo sal su itseumnikka

Where do you sell cosmetics?
웨어 두 유 셀 카즈메틱스

✈ 저기에 디스플레이 되어 있는 셔츠는 어디에 있습니까?
jeogie diseupeullei doeeo inneun syeocheuneun eodie itseumnikka

Where can I find that shirt?
웨어 캔 아이 화인드 댓 셔츠

✈ 세일하는 물건을 찾고 있습니다.
seilhaneun mulgeoneul chatgo itseumnida

I'm looking for some bargains.
아임 룩킹 훠 썸 바긴스

✈ 선물은 어디서 살 수 있나요?
seonmureun eodiseo sal su innayo

Where can I buy some souvenirs?
웨어 캔 아이 바이 썸 수붜니어스

물건을 고를 때

✈ 다른 상품을 보여 주세요.
dareun sangpumeul boyeo juseyo

Please show me another one.
플리즈 쇼우 미 어나더 원

✈ 예산은 어느 정도이십니까?
yesaneun eoneu jeongdoisimnikka

How much would you like to spend?
하우 머치 우쥬 라익 투 스펜드

✈ 신상품은 어느 것입니까?
sinsangpumeun eoneu geosimnikka

Which are brand-new items?
위치 아 브렌뉴 아이템즈

✈ 손질은 어떻게 하면 됩니까?
sonjireun eotteoke hamyeon doemnikka

How do you take care of this?
하우 두 유 테익 케어럽 디스

✈ 이것은 어느 브랜드입니까?
igeoseun eoneu beuraendeuimnikka

What brand is this?
왓 브렌드 이즈 디스

✈ 신상품은 어느 것입니까?
sinsangpumeun eoneu geosimnikka

Which are brand-new items?
위치 아 브랜뉴 아이텀스

면세점에서

✈ **면세점은 어디에 있습니까?**
myeonsejeomeun eodie itseumnikka

Where's a duty free shop?
웨어저 듀리 후리 샵

✈ **얼마까지 면세가 됩니까?**
eolmakkaji myeonsega doemnikka

How much duty free can I buy?
하우 머취 듀리 후리 캔 아이 바이

✈ **어느 브랜드가 좋겠습니까?**
eoneu beuraendeuga joketseumnikka

What brand do you suggest?
왓 브렌 두 유 서제슷

✈ **이 가게에서는 면세로 살 수 있습니까?**
i gageeseoneun myeonsero sal su itseumnikka

Can I buy things duty free here?
캔 아이 바이 씽스 듀리 후리 히어

✈ **여권을 보여 주십시오.**
yeogwoneul boyeo jusipsio

May I have your passport, please?
메아이 해뷰어 패스폿, 플리즈

✈ **비행기를 타기 전에 수취하십시오.**
bihaenggireul tagi jeone suchwihasipsio

Receive before boarding.
리시브 비훠 보딩

UNIT **05**

물건값을 계산할 때

거의 모든 가게에서 현금, 신용카드, 여행자수표 등으로 물건값을 계산할 수 있지만, 여행자수표를 사용할 때는 여권 제시를 요구하는 가게도 있습니다. 번잡한 가게나 작은 가게에서는 여행자수표를 꺼리는 경우도 있습니다. 또한 미국에서는 점원이 도급제로 일하기 때문에 물건을 살 때는 물건을 꺼내온 사람에게 사는 것이 매너입니다.

__________ 은(는) 받습니까?
eun(neun) batseumnikka

Do you accept __________ ?
두 유 액셉

- □ 신용카드 sinyongkadeu credit card 크레딧 카드
- □ 여행자수표 yeohaengjasupyo traveler's checks 트레벌러즈 첵스
- □ 비자 bija Visa 비자
- □ 마스터카드 maseuteokadeu Master Card 마스터 카드

Q : 얼마입니까?
eolmaimnikka
How much is this?
하우 머치즈 디스

A : 200달러입니다.
ibaek dalleoimnida
It's $ 200(two hundred dollars).
잇츠 투 헌드러드 달러즈

가격을 물을 때

✈ 계산은 어디서 합니까?
gyesaneun eodiseo hamnikka

Where is the cashier?
웨어리즈 더 캐쉬어

✈ 전부 해서 얼마나 됩니까?
jeonbu haeseo eolmana doemnikka

How much is it all together?
하우 머치즈 잇 올 터게더

✈ 하나에 얼마입니까?
hanae eolmaimnikka

How much for one?
하우 머치 훠퉌

✈ (다른 상품의 가격을 물을 때) 이건 어때요?
igeon eottaeyo

How about this one?
하우 어바웃 디스 원

✈ 이건 세일 중입니까?
igeon seil jungimnikka

Is this on sale?
이즈 디쏜 세일

✈ 세금이 포함된 가격입니까?
segeumi pohamdoen gagyeogimnikka

Does it include tax?
더짓 이클루드 텍스

가격을 깎을 때

✈ 너무 비쌉니다.
neomu bissamnida

It's too expensive.
잇츠 투 익스펜시브

✈ 깎아 주시겠어요?
kkakka jusigesseoyo

Can you give a discount?
캔 유 기버 디스카운

✈ 더 싼 것은 없습니까?
deo ssan geoseun eopseumnikka

Anything cheaper?
애니씽 취퍼

✈ 더 싸게 해 주실래요?
deo ssage hae jusillaeyo

Will you take less than that?
윌 유 테익 레스 댄 댓

✈ 깎아주시면 사겠습니다.
kkakkajusimyeon sagetseumnida

If you discount I'll buy.
이퓨 디스카운 아일 바이

✈ 현금으로 지불하면 더 싸게 됩니까?
hyeongeumeuro jibulhamyeon deo ssage doemnikka

Do you give discounts for cash?
두 유 기브 디스카운 훠 캐쉬

구입 결정과 지불 방법

✈ 이걸로 하겠습니다.
igeollo hagetseumnida

I'll take this.
아일 테익 디스

✈ 이것을 10개 주세요.
igeoseul yeolgae juseyo

I'll take ten of these.
아일 테익 텐 업 디즈

✈ 지불은 어떻게 하시겠습니까?
jibureun eotteoke hasigetseumnikka

How would you like to pay?
하우 우쥬 라익 투 페이

✈ 카드도 됩니까?
kadeudo doemnikka

May I use a credit card?
메아이 유저 크레딧 카드

✈ 여행자수표도 받나요?
yeohaengjasupyodo bannayo

Can I use traveler's checks?
캔아이 유즈 트레벌러즈 첵스

✈ 영수증을 주시겠어요?
yeongsujeungeul jusigesseoyo

Could I have a receipt?
쿠다이 해버 리싯

UNIT 06

포장·배송을 원할 때

구입한 물건을 들 수 없는 경우에는 호텔까지 배달을 부탁합니다. 한국으로 직접 배송을 원하는 경우에는 항공편인지 선편인지 확인하는 것을 잊지 말아야 합니다. 선편이라면 한국까지 1개월 이상 걸립니다. 빠른 것을 원할 경우에는 항공회사나 국제택배 등을 이용하는 것이 좋을 것입니다.

이것을 ____ (으)로 보내 주시겠어요?
igeoseul (eu)ro bonae jusigesseoyo

Could you send this to ____ ?
쿠쥬 샌드 디스 투

- 우리 호텔 uri hotel my hotel 마이 호텔
- 이 주소 i juso this address 디스 어드레스
- 한국 hanguk Korea 코리어
- 서울 seoul Seoul 서울

Q : 따로따로 싸 주세요.
ttarottaro ssa juseyo
Please wrap them separately.
플리즈 랩 뎀 세퍼레이틀리

A : 알겠습니다.
algetseumnida
Oh, okay.
오, 오케이

포장을 부탁할 때

✈ **봉지를 주시겠어요?**
bongjireul jusigesseoyo

Could I have a bag?
쿠다이 해버 백

✈ **봉지에 넣기만 하면 됩니다.**
bongjie neokiman hamyeon doemnida

Just put it in a bag, please.
저슷 푸릿 인 어 백, 플리즈

✈ **이걸 선물용으로 포장해 주시겠어요?**
igeol seonmuryongeuro pojanghae jusigesseoyo

Can you gift-wrap this?
캔 유 깁트 랩 디스

✈ **따로따로 포장해 주세요.**
ttarottaro pojanghae juseyo

Please wrap them separately.
플리즈 랩 뎀 세퍼레이틀리

✈ **이거 넣을 박스 좀 얻을 수 있나요?**
igeo neoeul bakseu jom eodeul su innayo

Is it possible to get a box for this?
이짓 파써블 투 게러 박스 훠 디스

✈ **이거 포장할 수 있나요? 우편으로 보내고 싶은데요.**
igeo pojanghal su innayo upyeoneuro bonaego sipeundeyo

Can you wrap this up? I want to send it in the mail.
캔 유 랩 디썹? 아이 원 투 샌딧 인 더 메일

배달을 원할 때

✈ 이걸 ○○호텔까지 갖다 주시겠어요?
igeol ○○hotelkkaji gatda jusigesseoyo

Could you send this to ○○Hotel?
쿠쥬 샌드 디스 투 ○○호텔

✈ 오늘 중으로(내일까지) 배달해 주었으면 하는데요.
oneul jungeuro(naeilkkaji) baedalhae jueosseumyeon haneundeyo

I'd like to have it today(by tomorrow).
아이드 라잌 투 해빗 투데이(바이 터머로우)

✈ 언제 배달해 주시겠습니까?
eonje baedalhae jusigetseumnikka

When would it arrive?
웬 우딧 어라이브

✈ 별도로 요금이 듭니까?
byeoldoro yogeumi deumnikka

Is there an extra charge for that?
이즈 데어런 엑스트러 챠지 훠 댓

✈ 이 카드를 첨부해서 보내 주세요.
i kadeureul cheombuhaeseo bonae juseyo

I'd like to send it with this card.
아이드 라잌 투 샌딧 위디스 카드

✈ 이 주소로 보내 주세요.
i jusoro bonae juseyo

Please send it to this address.
플리즈 샌딧 투 디스 어드레스

배송을 원할 때

✈ 이 가게에서 한국으로 발송해 주시겠어요?
i gageeseo hangugeuro balsonghae jusigesseoyo

Could you send this to Korea from here?
쿠쥬 샌드 디스 투 코리어 후럼 히어

✈ 한국 제 주소로 보내 주시겠어요?
hanguk je jusoro bonae jusigesseoyo

Could you send it to my address in Korea?
쿠쥬 샌딧 투 마이 어드레스 인 코리어

✈ 항공편으로 부탁합니다.
hanggongpyeoneuro butakamnida

By air mail, please.
바이 에어 메일, 플리즈

✈ 선편으로 부탁합니다.
seonpyeoneuro butakamnida

By sea mail, please.
바이 씨 메일, 플리즈

✈ 한국까지 항공편으로 며칠 정도 걸립니까?
hangukkkaji hanggongpyeoneuro myeochil jeongdo geollimnikka

How long does it take to reach Korea by air mail?
하우 롱 더짓 테익 투 리취 코리어 바이 에어 메일

✈ 항공편으로 얼마나 듭니까?
hanggongpyeoneuro eolmana deumnikka

How much does it cost by air mail?
하우 머치 더짓 코슷 바이 에어 메일

UNIT 07

물건에 대한 클레임

가게에 클레임을 제기할 때는 감정적으로 대하지 말고 침착하게 요점을 말해야 합니다. 보통 한번 돈을 지불해버리면 흠집이 났거나 더럽더라도 구입한 고객의 책임이 되어버립니다. 사기 전에 물건을 잘 확인합시다. 교환을 원할 경우 영수증이 있어야 하므로 없애지 않도록 하고, 환불은 특별한 경우가 아니면 어려운 것이 한국과 마찬가지입니다.

(물건의 하자를 지적할 때) 이게 ______________.
ige

It's ______________.
잇츠

□ 더럽습니다	deoreopseumnida	dirty	더티
□ 망가졌습니다	manggajeotseumnida	broken	브로큰
□ 찢어졌습니다	jjijeojeotseumnida	ripped	립트
□ 금이 갔습니다	geumi gatseumnida	cracked	크랙트

Q : 여기에 흠집이 있습니다.
yeogie heumjibi itseumnida

It's damaged here.
잇츠 데미쥐드 히어

A : 어디 보여 주십시오.
eodi boyeo jusipsio

Show me.
쇼우 미

구입한 물건을 교환할 때

✈ 여기에 얼룩이 있습니다.
yeogie eollugi itseumnida

I found a stain here.
아이 파운더 스테인 히어

✈ 새 것으로 바꿔드리겠습니다.
sae geoseuro bakkwodeurigetseumnida

I'll get you a new one.
아일 겟츄어 뉴 원

✈ 구입할 때 망가져 있었습니까?
guipal ttae manggajeo isseotseumnikka

Was it broken when you bought it?
워짓 브로큰 웬 유 보우팃

✈ 샀을 때는 몰랐습니다.
sasseul ttaeneun mollatseumnida

I didn't notice it when I bought it.
아이 디든 노뤼스 잇 웨나이 보우팃

✈ 사이즈가 안 맞았어요.
saijeuga an majasseoyo

This size doesn't fit me.
디스 사이즈 더즌 휫 미

✈ 다른 것으로 바꿔 주시겠어요?
dareun geoseuro bakkwo jusigesseoyo

Can I exchange it for another one?
캔 아이 익스체인쥐 잇 훠 어나더 원

구입한 물건을 반품할 때

✈ 어디로 가면 됩니까?
eodiro gamyeon doemnikka

Where should I go?
웨어 슈다이 고우

✈ 반품하고 싶은데요.
banpumhago sipeundeyo

I'd like to return this.
아이드 라잌 투 리턴 디스

✈ 아직 쓰지 않았습니다.
ajik sseuji anatseumnida

I haven't used it at all.
아이 해븐 유스팃 앳 올

✈ 가짜가 하나 섞여 있었습니다.
gajjaga hana seokkyeo isseotseumnida

I found a fake included.
아이 파운더 훼이크 인클루딧

✈ 영수증은 여기 있습니다.
yeongsujeungeun yeogi itseumnida

Here is a receipt.
히어리저 리싯

✈ 어제 샀습니다.
eoje satseumnida

I bought it yesterday.
아이 보우팃 예스터데이

환불 · 배달사고

✈ **환불해 주시겠어요?**
hwanbulhae jusigesseoyo

Can I have a refund?
캔 아이 해버 리훤드

✈ **산 물건하고 다릅니다.**
san mulgeonhago dareumnida

This is different from what I bought.
디씨즈 디훠런 흐럼 와라이 보웃

✈ **구입한 게 아직 배달되지 않았습니다.**
guipan ge ajik baedaldoeji anatseumnida

I haven't got what I bought yet.
아이 해븐 갓 와라이 보웃 옛

✈ **대금은 이미 지불했습니다.**
daegeumeun imi jibulhaetseumnida

I already paid.
아이 올레디 페이드

✈ **수리해주든지 환불해 주시겠어요?**
surihaejudeunji hwanbulhae jusigesseoyo

Could you fix it or give me a refund?
쿠쥬 휙싯 오어 깁 미 어 리훤드

✈ **계산이 틀린 것 같습니다.**
gyesani teullin geot gatseumnida

I think your calculation is wrong.
아이 씽 유어 캘커레이션 이즈 렁

길 이

미터	인치	피트	야드	마일
1	9.37007	3.28084	1.09363	0.000621
0.025399	1	0.08333333	0.027777	0.0000153
0.304794	12.0	1	0.333333	0.000189
0.914383	36.0	3.0	1	0.000568
1609.31	63360.0	5280.0	1760.0	1

무 게

그램	캐럿	온스	파운드	톤(미국)
1	5.0	0.035273	0.002204	0.000001
0.20	1	0.007050	0.000440	0.0000002
28.3495	141.747	1	0.06250	0.000031
453.592	2267.96	16.0	1	0.000499
90185.0	4535925.0	32000.0	2000.0	1

넓 이

평방미터	평방야드	아르	에이커	평방마일
1	1.19603	0.001	0.000247	0.0000003
0.836097	1	0.0083609	0.000206	0.0000003
100.0	119.603	1	0.024711	0.0000385
4046.71	4840.0	40.4671	1	0.001562
2589883.6	3097600.0	258959.36	640.0	1

온도(섭씨와 화씨)

C(섭씨온도)=[F(화씨온도)−32]×5/9
그러므로 화씨온도가 77℉인 경우
섭씨온도=(77−32)×5/9=25℃가 된다.

방문·전화·우편

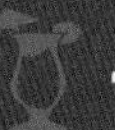

통신 · 은행에 관한 정보

국제전화

호텔교환에 신청하거나 국제자동전화를 이용할 수 있다.

국제자동전화 이용할 때는

① 여행국의 국제자동전화 식별번호
② 우리나라 국가번호(82)
③ 국가내의 지역번호(첫자리 숫자 0은 생략)
④ 가입자 번호

순으로 다이얼을 돌려야 된다.

로밍

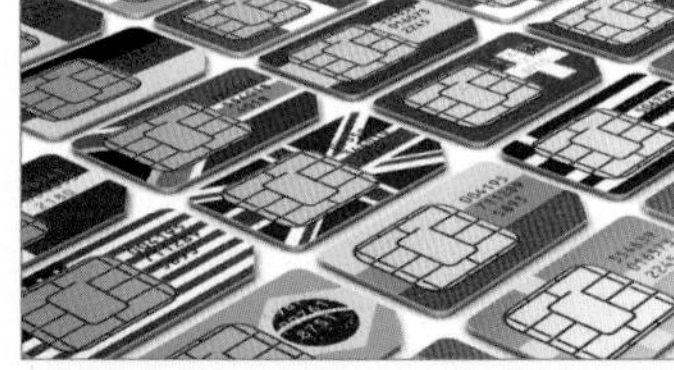

국내에서 쓰던 휴대폰을 해외에서도 사용 가능하게 해 주는 서비스이다. 요새는 스마트폰이 대중화되고 로밍도 예전보다 쉬워지면서 해외에 나갈 때 본인의 스마트폰을 로밍해서 그대로 가져가서 이용하고 전화도 자유롭게 쓰는 경우가 많아졌다. 보통은 타 국가의 이동통신회사의 통신망을 대여해서 이용한다. 예전에는 로밍폰을 따로 대여해야 했으나 현재는 이용하는 폰에서 자동으로 로밍이 된다. 다만 요금이 매우 비싸므로, 로밍 데이터 무제한 요금제를 사용하거나, LTE 라우터를 임대하여 쓰거나, 데이터 로밍을 차단하고 와이파이에서만 인터넷을 이용하는 등의 방법을 사용하는 것이 좋다. 또한 로밍은 발신전화뿐 아니라 수신전화도 요금이 부과되므로 이 점을 반드시 유의하여야 한다.

해외에서 우편을 보낼 때

해외에서 친구나 가족에게 편지를 보내는 것도 해외여행의 즐거움의 하나이다. 굳이 영어를 쓰지 않아도 우리나라로 보낼 때는 「BY AIRMAIL(SEAMAIL) TO KOREA」 이외는 우리말로 써도 된다.

○공항 우체국을 이용할 때

공항 우체국에서 보내면 빠르고 확실하게 우리나라로 도착한다. 또 호텔 안에 있는 우표자동판매기의 경우는 수수료가 있기 때문에 우표를 많이 살 때는 우체국에 가서 직접 사는 것이 좋다.

신용카드

신용카드는 현금과 같이 통용된다. 국제적인 신용카드(Credit Card)로는 아메리칸 익스프레스, 다이너스, 비자, 마스터카드 등이 있다. 신용카드는 신분 증명용, 렌터카 사용, 호텔 체크인 등에 꼭 필요하므로 1장 정도는 준비해서 가져가자. 또 가맹점에서는 현금 대신 사용할 수 있고 현지 화폐로 환전할 필요가 없어서 덜 번거롭다. 숙박료나 고액의 쇼핑 등은 카드로 지불하고, 현금은 소액만 가지고 다니는 것이 안전하다.

여행자수표 사용방법

수표에는 상단과 하단의 두 곳에 사인란이 있는데, 도난과 분실에 대비해서 구입 즉시 수표 상단에 사인을 하고 수표번호를 별도로 기록해 두는 것이 중요하다. 사용할 때에는 여권을 소지하고 상대방이 보는 앞에서 하단의 사인란에 사인을 한다. 은행이나 환전소에서 언제나 현금과 바꿀 수 있으며 사용한 거스름돈은 언제든지 현금이 된다. 남은 T/C는 은행에서 원화로 재환전하거나 외화 예금도 가능하다.

UNIT 01

방문할 때

집에 초대받으면 약속 시간보다 조금 늦게 가는 것이 기본적인 매너입니다. 한국에서 가져온 조그만 물건을 선물로 가져가는 것도 좋을 것입니다. 집안으로 안내받아 들어가서 가구의 취향 등을 칭찬해 주면 즐거워합니다. 또한 질문을 받으면 대답할 수 있도록 자신의 직업이나 한국의 문화에 대해 어느 정도의 단어는 알아두는 것이 좋습니다.

(초대에 대한 감사) ____________ 고맙습니다.
gomapseumnida

Thanks for ____________ .
땡스 훠

- □ 모든 게 modeun ge — everything 애브리씽
- □ 환대해 줘서 hwandaehae jwoseo — your wonderful hospitality 유어 원더훌 하스피탤러리
- □ 초대해 줘서 chodaehae jwoseo — inviting me 인봐이팅 미

Q : 초대해 주셔서 고맙습니다.
chodaehae jusyeoseo gomapseumnida
Thanks for inviting me over.
땡스 훠 인바이팅 미 오버

A : 잘 오셨습니다.
jal osyeotseumnida
I'm so glad you could make it.
아임 쏘 글래쥬 쿳 메이킷

함께 식사하기를 권유할 때

✈ 함께 점심식사나 하시겠어요?
hamkke jeomsimsiksana hasigesseoyo

How about having dinner with me?
하우 어바웃 해빙 디너 위드 미

✈ 오늘 밤에 저와 저녁식사를 하시겠어요?
oneul bame jeowa jeonyeoksiksareul hasigesseoyo

Why don't you have dinner with me tonight?
와이 돈츄 해브 디너 위드 미 투나잇

✈ 제가 대접하겠습니다.
jega daejeopagetseumnida

Let me treat you to dinner.
렛 미 트리츄 투 디너

✈ 한잔하시겠습니까?
hanjanhasigetseumnikka

How about a drink?
하우 어바우러 드링

✈ 언제 시간이 있습니까?
eonje sigani itseumnikka

When do you have free time?
웬 두 유 해브 후리 타임

✈ 당신이 와 주었으면 합니다.
dangsini wa jueosseumyeon hamnida

I'd like to have you come over.
아이드 라익 투 해뷰 컴 오버

초대에 응하거나 거절할 때

✈ 몇 시가 좋습니까?
myeot siga joseumnikka

What's a good time for you?
왓처 굿 타임 훠 유

✈ 어느 때라도 좋아요.
eoneu ttaerado joayo

It's fine anytime.
잇츠 화인 애니타임

✈ 고맙습니다. 기꺼이 그러죠.
gomapseumnida. gikkeoi geureojyo

Thank you. I'd like to.
땡큐 아이드 라익 투

✈ 꼭 거기 가겠습니다.
kkok geogi gagetseumnida

I'll make sure to be there.
아일 메익 슈어 투 비 데어

✈ 가고 싶지만, 시간이 없습니다.
gago sipjiman, sigani eopseumnida

I want to come, but I have no time.
아이 원 투 컴, 버라이 해브 노 타임

✈ 죄송하지만, 선약이 있습니다.
joesonghajiman, seonyagi itseumnida

Sorry, but I have a previous engagement.
쏘리, 버라이 해버 프리뷔어스 인개이쥐먼

초대받아 방문할 때

✈ 와 주셔서 감사합니다.
wa jusyeoseo gamsahamnida

Thank you for coming.
땡큐 훠 커밍

✈ 약소합니다.
yaksohamnida

This is for you.
디씨즈 훠 유

✈ 요리를 잘하시는군요!
yorireul jalhasineungunyo!

You're a great cook!
유어러 그레잇 쿡!

✈ 많이 먹었습니다.
mani meogeotseumnida

I'm really full.
아임 리얼리 훌

✈ 화장실 좀 갈 수 있을까요?
hwajangsil jom gal su isseulkkayo

May I use the rest room?
메아이 유즈 더 레슷 룸

✈ 이만 가보겠습니다.
iman gabogetseumnida

I must be going now.
아이 머슷 비 고잉 나우

UNIT 02

전화를 이용할 때

공중전화로 시내전화를 할 때는 동전을 넣고 다이얼을 합니다. 미국의 경우에는 지역마다 요금이 다르며 사용법도 조금씩 다릅니다. 다이얼식 전화는 먼저 다이얼을 돌리고 상대가 나오면 동전을 넣고, 버튼식 전화는 한국과 마찬가지입니다. 전화카드나 전화용 전용코인을 사용하는 경우도 있으며, 시외통화의 경우에는 오퍼레이터에게 번호를 말하고 연결을 기다립니다.

여보세요. ________ 입니까?
yeoboseyo. imnikka

Hello Is this ________ ?
헬로우 이즈 디스

□	○○호텔	○○hotel	○○Hotel	○○ 호텔
□	○○ 씨	○○ssi	Mr. ○○	미스터 ○○
□	○○ 양	○○yang	Ms. ○○	미즈 ○○
□	○○ 씨 댁	○○ssidaek	○○'s	○○'스

Q : 공중전화 카드는 어디서 사나요?
gongjungjeonhwa kadeuneun eodiseo sanayo
Where can I get a calling card?
웨어 캔아이 게러 콜링 카드

A : 여기서도 팝니다.
yeogiseodo pamnida
We sell them here.
위 셀 뎀 히어

공중전화를 이용할 때

✈ 이 근처에 공중전화가 있습니까?
i geuncheoe gongjungjeonhwanga itseumnikka

Is there a pay phone around here?
이즈 데어러 페이 훤 어롸운 히어

✈ 이 전화로 시외전화를 할 수 있나요?
i jeonhwaro sioejeonhwareul hal su innayo

Can I make a long-distance call from this phone?
캔 아이 메이커 롱 디스턴스 콜 후럼 디스 훤

✈ 이 전화로 한국에 걸 수 있나요?
i jeonhwaro hanguge geol su innayo

Can I make a call to Korea on this phone?
캔 아이 메이커 콜 투 코리어 온 디스 훤

✈ 먼저 동전을 넣으십시오.
meonjeo dongjeoneul neoeusipsio

You put the coins in first.
유 풋 더 코인스 인 퍼슷

✈ 얼마 넣습니까?
eolma neoseumnikka

How much do I put in?
하우 머치 두 아이 푸린

✈ 전화카드를 주세요.
jeonhwakadeureul juseyo

Can I have a telephone card?
캔 아이 해버 텔러폰 카드

전화를 걸 때

✈ 한국으로 전화를 하려면 어떻게 하면 됩니까?
hangugeuro jeonhwareul haryeomyeon eotteoke hamyeon doemnikka

What should I do to call to Korea?
왓 슈다이 두 투 콜 투 코리어

✈ 한국으로 컬렉트콜로 걸고 싶은데요.
hangugeuro keollekteukollo geolgo sipeundeyo

I need to make a collect call to Korea.
아이 니 투 메이커 컬렉 콜 투 코리어

✈ 뉴욕의 지역번호는 몇 번입니까?
nyuyogui jiyeokbeonhoneun myeot beonimnikka

What's the area code for New York?
왓츠 디 에어리어 코드 훠 뉴욕

✈ 한국으로 국제전화를 부탁합니다.
hangugeuro gukjejeonhwareul butakamnida

I'd like to make a call to Korea, please.
아이드 라익 투 메이커 콜 투 코리어, 플리즈

✈ 내선 28번으로 돌려주세요.
naeseon isippalbeoneuro dollyeojuseyo

Extension 28(twenty-eight), please.
익스텐션 트웨니 에잇, 플리즈

✈ 여보세요, 스위스그랜드 호텔이지요?
yeoboseyo, seuwiseugeuraendeu hoterijiyo

Hello, is this the Swiss Grand Hotel?
헬로, 이즈 디스 더 스위스 그랜드 호텔

✈ 스미스 씨를 부탁합니다.
seumiseu ssireul butakamnida

May I speak to Mr. Smith?
메아이 스픽 투 미스터 스미스

✈ 여보세요, 존슨 씨입니까?
yeoboseyo, jonseun ssiimnikka

Hello, is this Mr. Johnson?
헬로우, 이즈 디스 미스터 좐슨

전화를 받을 때

✈ 잠시 기다려 주시겠습니까?
jamsi gidaryeo jusigetseumnikka

Would you like to hold?
우쥬 라익 투 홀드

✈ 전언을 부탁할 수 있습니까?
jeoneoneul butakal su itseumnikka

Would you take a message?
우쥬 테이커 메씨쥐

✈ 좀 더 천천히 말씀해 주십시오.
jom deo cheoncheonhi malsseumhae jusipsio

Could you speak a little slower?
쿠쥬 스피커 리틀 슬로워

✈ 전화 고마웠습니다.
jeonhwa gomawotseumnida

Thank you for your call.
땡큐 훠 유어 콜

UNIT 03

우편을 이용할 때

우표는 우체국 이외에 호텔의 프런트나 매점, 자동판매기 등에서 살 수 있습니다. 부치는 것은 호텔의 프런트에 부탁하거나 큰 호텔은 우체통이 있으므로 직접 넣으면 됩니다. 소포는 우체국에서 발송합니다. 한국의 수신자(주소와 이름)는 한국어로 써도 되지만, 반드시 KOREA, 항공편일 경우에는 AIRMAIL이라고 영어로 쓰는 것을 잊지 않도록 합시다.

________________ (으)로 부탁합니다.
(eu)ro butakamnida

________________ , please.
플리즈

□ 항공편	hanggongpyeon	By air mail	바이 에어 메일
□ 선편	seonpyeon	By sea mail	바이 씨 메일
□ 속달	sokdal	Express mail	익스프레스 메일
□ 등기	deunggi	Registered mail	레져스터드 메일

Q : 우체통은 어디에 있습니까?
uchetongeun eodie itseumnikka
Where's the mailbox?
웨어즈 더 메일박스

A : 로비에 있습니다.
robie itseumnida
There's one in the lobby.
데어즈 원 인 더 라비

우체국에서

가장 가까운 우체국은 어디에 있습니까?
gajang gakkaun uchegugeun eodie itseumnikka

Where is the nearest post office?
웨어리즈 더 니어리슷 포슷 오휘스

우표는 어디서 삽니까?
upyoneun eodiseo samnikka

Where can I buy stamps?
웨어 캔아이 바이 스템스

우체통은 어디에 있나요?
uchetongeun eodie innayo

Where is the mailbox?
웨어리즈 더 메일박스

우체국은 몇 시에 닫습니까?
uchegugeun myeot sie datseumnikka

What time does the post office close?
왓 타임 더즈 더 포슷 오휘스 클로우즈

이걸 한국으로 부치고 싶습니다.
igeol hangugeuro buchigo sipseumnida

I'd like to send this to Korea.
아이드 라잌 투 샌 디스 투 코리어

기념우표를 주세요.
ginyeomupyoreul juseyo

Can I have commemorative stamps?
캔 아이 해브 커메머레이티브 스탬스

편지를 보낼 때

✈ 이걸 한국으로 보내려면 얼마나 듭니까?
igeol hangugeuro bonaeryeomyeon eolmana deumnikka

How much would it cost to send this to Korea?
하우 머치 우딧 코슷 투 샌 디스 투 코리어

✈ 속달(등기)로 보내 주세요.
sokdal(deunggi)ro bonae juseyo

Express mail(Registered mail), please.
익스프레스 메일(레저스터드 메일), 플리즈

✈ 이 우편 요금은 얼마입니까?
i upyeon yogeumeun eolmaimnikka

How much is the postage for this?
하우 머치즈 더 포우스티쥐 훠 디스

✈ 한국에는 언제 쯤 도착합니까?
hangugeneun eonje jjeum dochakamnikka

How long will it take to get to Korea?
하우 롱 윌릿 테익 투 겟 투 코리어

✈ 항공편(선편)으로 부탁합니다.
hanggongpyeon(seonpyeon)euro butakamnida

By air mail(sea mail), please.
바이 에어 메일(씨 메일), 플리즈

✈ 이거 우편요금이 얼마예요?
igeo upyeonyogeumi eolmayeyo

How much is the postage for this?
하우 머치즈 더 포스테이쥐 훠 디스

소포를 보낼 때

✈ 이 소포를 한국으로 보내고 싶습니다.
i soporeul hangugeuro bonaego sipseumnida
I'd like to send this parcel to Korea.
아이드 라잌 투 샌 디스 파슬 투 코리어

✈ 내용물은 무엇입니까?
naeyongmureun mueosimnikka
What's inside?
왓츠 인사이드

✈ 개인적으로 사용하는 것입니다.
gaeinjeogeuro sayonghaneun geosimnida
My personal items.
마이 퍼스널 아이템즈

✈ 선편으로 며칠 정도면 한국에 도착합니까?
seonpyeoneuro myeochil jeongdomyeon hanguge dochakamnikka
How long will it take by sea mail to Korea?
하우 롱 윌릿 테익 바이 씨 메일 투 코리어

✈ 깨지기 쉬운 것이 들어 있습니다.
kkaejigi swiun geosi deureo itseumnida
This is fragile.
디씨즈 흐래절

✈ 소포를 보험에 들겠어요.
soporeul boheome deulgesseoyo
I'd like to have this parcel insured.
아이드 라잌 투 해브 디스 파슬 인슈어드

미국의 공휴일
각 주에서 특정한 날을 정하고 있다. 고정된 특정한 날을 기념하기도 하고 ○월 ○째 주 ○요일처럼 유동적인 형태로 기념하기도 한다. 미국은 다민족 국가인 관계로 종교도 다양하다. 따라서 종교에 관계되는 경축일 행사는 개별적으로 행하는 것이 일반적이다.

법정휴일(federal legal holidays)	
New year's Day	신년 : 1월 1일
Washington's birthday	워싱턴 탄생일 : 2월 셋째 월요일
Memorial Day	전몰장병추도기념일 : 5월의 마지막 월요일
Independence Day	독립기념일 : 7월 4일
Labor Day	노동절 : 9월의 첫 월요일
Veteran's Day	향군의 날 : 10월의 넷째 월요일
Thanksgiving Day	감사절 : 11월 넷째 목요일
Christmas	크리스마스 : 12월 25일

주(州)나 종교에 따라 다른 것	
Lincoln's Birthday	링컨 탄생일 : 2월 12일 *남북전쟁의 영향으로 남부에서는 행하지 않는다.
Easter Day	부활절 : 3월 21일 이후에 보름 후의 첫 일요일 *기독교인의 중요 행사이다.
Halloween Day	핼러윈 : 10월의 31일 밤 *All Saints' Day(만성절 : 11월 1일)의 전야제이다.

트러블

여행트러블에 관한 정보

아플 때

여행을 떠나기 전에 미리 건강상태를 체크해보는 것이 좋다. 건강한 사람이라도 여행 중에는 환경 변화와 피로로 인해 질병을 얻기 쉬우므로 혹시라도 만성적인 질환을 가지고 있다면 검사를 받아보는 것이 안전하다. 외국에서도 우리와 마찬가지로 의사의 처방전 없이는 약을 살 수 없는 경우가 많으므로 간단한 상비약 정도는 준비해두는 것이 좋다. 만성질환이 있는 사람이라면 국내에서 영어로 된 처방전을 받아서 가지고 가는 게 좋다. 만일의 경우 여행지의 의사에게 보이고 처방전을 받아야 할 일이 생길 수도 있기 때문이다.

여권을 분실했을 때

1. 가까운 경찰서에 가서 여권 분실 신고를 하고 여권 분실 확인서를 발급받는다.
2. 현지 공관으로 가서 여권 분실 확인서를 제출하고 단수여권이나 여행 증명서를 발급받는다. 이때 여권용 사진을 2장 제출해야 하므로 여행 시 만약의 사태를 대비해 여분의 사진을 준비하도록 한다.
3. 제3국으로의 여행이 예정되어 있다면 단수여권이나 여행 증명서로 입국할 수 있는지 등을 미리 알아본 후에 일정을 진행하도록 한다.
4. 입국 증명이 되지 않으면 출국할 수 없는 경우도 간혹 있으니 될 수 있으면 입국 증명서나 그에 준하는 확인서류를 준비하도록 한다.
5. 이 모든 과정에 여권 사본이 있으면 처리가 훨씬 쉬우니 여행 전에 반드시 여권 사본을 준비하도록 한다.

항공권을 분실했을 때

해당 항공사의 현지 사무실로 가서 항공권 분실에 대한 Lost Ticket Reissue를 신청해야 하며, 이때 항공사는 항공권 발권지인 서울 사무실로 전문을 보내 Reissue Authorization을 현지에서 받게 된다. 이때 항공권 번호, 발권 연월일, 구간과 발권 사실을 확인하며, 소요되는 기간은 약 1주일 정도이다.
현지에서 항공권을 새로 구입하는 방법도 있는데, 귀국 후에 분실 항공권에 대한 발급확인서를 받고 새로 구입한 항공권의 승객용 티켓과 신분증을 가지고 해당 항

공사(본사)에 가면 현금으로 환불받을 수 있으나 이때 소요되는 기간은 약 3개월 정도이다.

여행자수표를 분실했을 때

현지 여행자수표 발행처에 전화하여 분실신고를 하고 절차를 알아보며, 분실증명확인서(Police Report)가 필요한 경우에는 현지 경찰서에 신고하여 받도록 한다. 대개의 경우 REFUND CLAIM 사무소가 각 나라별로 한 도시에 일원화되어 있다.

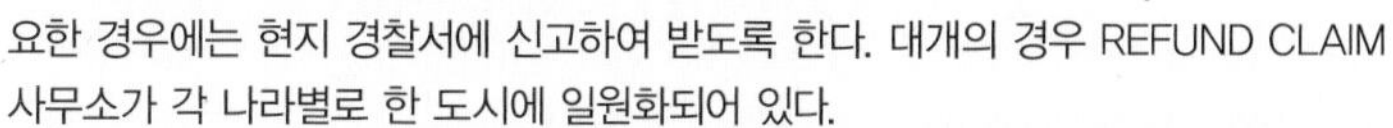

대개의 경우 분실 경위, 장소, 수표번호 등을 정확히 신고하고 나서 24시간 후에 희망지역의 은행 또는 수표발행처에서 재발급받을 수 있다.
수표에는 반드시 여행자의 서명이 돼 있어야 하며 정확한 수표번호를 알고 있어야 하므로 여행자수표 지참 시에는 반드시 서명과 수표번호를 별도로 기재하여 지참하여야 한다.

수화물을 분실했을 때

공항에서 BAGGAGE CLAIM이라고 쓰여 있는 수하물 분실센터에 가서 신고한다. 신고할 때는 가방의 형태, 크기, 색상 등을 자세히 알려 주어야 한다. 짐을 붙이고 나서 받았던 Baggage Claim Tag(짐표, 화물보관증서)을 제시한다. 화물을 반환받을 투숙 호텔이나 연락처를 기재하며, 다음 여정이 있는 경우에는 여행일정을 알려 주고 분실증명서를 받아 화물을 찾지 못했을 경우 보상받기 위해 대비를 해야 한다. 화물을 찾지 못했을 경우에는 화물 운송협약에 의해 보상을 받을 수 있으며, 여행자 보험에 가입했을 경우에는 항공사에서 발행한 분실증명서를 근거로 보상을 받을 수 있다.

UNIT 01

말이 통하지 않을 때

익숙하지 않는 영어로 말하고 있으면, 상대가 하는 말을 알아듣지 못하는 경우가 많습니다. 그 자리의 분위기나 상대에게 신경을 쓴 나머지 자신도 모르게 그만 웃으며 승낙을 하는 경우가 있으므로 결코 알았다는 행동을 취하지 말고 적극적으로 물읍시다. 이야기의 내용을 모를 때는 I don't understand.(모르겠습니다.)라고 분명히 말합시다.

나는 ＿＿＿＿＿ 를 모릅니다.
naneun ＿＿＿＿＿ reul moreumnida

I can't speak ＿＿＿＿＿ .
아이 캔 스픽

□ 영어	yeongeo	English	잉글리쉬
□ 한국어	hangugeo	Korean	코리언
□ 일본어	ilboneo	Japanese	재퍼니스
□ 중국어	junggugeo	Chinese	촤이니즈

Q : 영어를 할 줄 모릅니다.
yeongeoreul hal jul moreumnida
I can't speak English.
아이 캔 스픽 잉글리쉬

A : 그거 난처하군요.
geugeo nancheohagunyo
That might be a problem.
댓 마잇 비 어 프라블럼

영어의 이해

영어를 할 줄 압니까?
yeongeoreul hal jul amnikka

Do you speak English?
두 유 스픽 잉글리쉬

영어는 할 줄 모릅니다.
yeongeoneun hal jul moreumnida

I can't speak English.
아이 캔 스픽 잉글리쉬

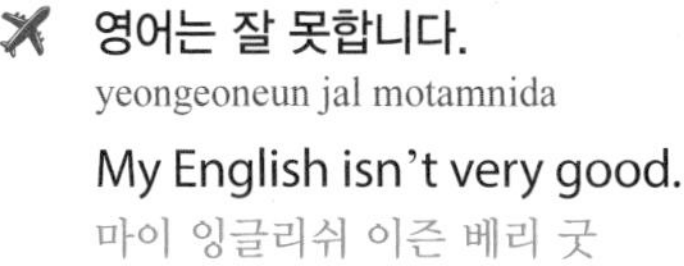

영어는 잘 못합니다.
yeongeoneun jal motamnida

My English isn't very good.
마이 잉글리쉬 이즌 베리 굿

영어는 압니까?
yeongeoneun amnikka

Do you understand English?
두 유 언더스탠드 잉글리쉬

한국어를 하는 사람은 있습니까?
hangugeoreul haneun sarameun itseumnikka

Does anyone speak Korean?
더즈 애니원 스픽 코리언

영어로는 설명할 수 없습니다.
yeongeoroneun seolmyeonghal su eopseumnida

I can't explain it in English.
아이 캔 익스플레이닛 인 잉글리쉬

통역 · 한국어

✈ 통역을 부탁하고 싶은데요.
tongyeogeul butakago sipeundeyo

I need an interpreter.
아이 니던 인터프리터

✈ 어느 나라 말을 하십니까?
eoneu nara mareul hasimnikka

What language do you speak?
왓 랭귀지 두 유 스픽

✈ 한국어를 하는 사람은 있습니까?
hangugeoreul haneun sarameun itseumnikka

Does anyone speak Korean?
더즈 애니원 스픽 코리언

✈ 한국어로 쓰인 것은 있습니까?
hangugeoro sseuin geoseun itseumnikka?

Do you have any information in Korean?
두 유 해버니 인훠메이션 인 코리언?

✈ 한국어판은 있습니까?
hangugeopaneun itseumnikka

Do you have one in Korean?
두 유 해브 원 인 코리언

✈ 한국어 신문은 있습니까?
hangugeo sinmuneun itseumnikka

Do you have any Korean newspapers?
두 유 해버니 코리언 뉴즈페이퍼스

영어를 못 알아들을 때

✈ 천천히 말씀해 주시면 알겠습니다.
cheoncheonhi malsseumhae jusimyeon algetseumnida

I'll understand if you speak slowly.
아일 언더스탠드 이퓨 스픽 슬로우리

✈ 좀 더 천천히 말씀해 주세요.
jom deo cheoncheonhi malsseumhae juseyo

Speak more slowly, please.
스픽 모어 슬로우리, 플리즈

✈ 당신이 말하는 것을 모르겠습니다.
dangsini malhaneun geoseul moreugetseumnida

I can't understand you.
아이 캔 언더스탠드 유

✈ 그건 무슨 뜻입니까?
geugeon museun tteusimnikka?

What do you mean by that?
왓 두 유 민 바이 댓

✈ 써 주세요.
sseo juseyo

Write it down, please.
롸이릿 다운, 플리즈

✈ 여기서는 아무도 한국어를 못 합니다.
yeogiseoneun amudo hangugeoreul mot hamnida

No one here speaks Korean, sir.
노 원 히어 스픽스 코리언, 써

UNIT 02

난처할 때

여행지에서 난처한 일이 발생하여 도움을 구하는 필수 표현은 Help me!입니다. 하지만 순식간에 난처한 일이 발생했을 때는 입이 얼어 아무 말도 나오지 않는 법입니다. 트러블은 가급적 피하는 게 좋겠지만, 그렇지 못 할 때를 대비해서 상대를 제지할 수 있는 최소한의 표현은 반드시 기억해둡시다.

__________ 은(는) 어디에 있나요?
eun(neun) eodie innayo

Where's the __________ ?
웨어리즈 더

□ 화장실	hwajangsil	rest room	레슷 룸
□ 병원	byeongwon	hospital	하스피럴
□ 약국	yakguk	drugstore	드럭스토어
□ 경찰서	gyeongchalseo	police station	펄리스테이션

Q : 어떻게 하면 좋을까요?
eotteoke hamyeon joeulkkayo
What should I do?
왓 슈다이 두

A : 도와드리겠습니다.
dowadeurigetseumnida
Well, let me help you.
웰, 렛 미 핼퓨

✈ 문제가 생겼습니다.
munjega saenggyeotseumnida

I have a problem.
아이 해버 프라블럼

✈ 지금 무척 난처합니다.
jigeum mucheok nancheohamnida

I'm in big trouble now.
아임 인 빅 트러블 나우

✈ 무슨 좋은 방법이 없을까요?
museun joeun bangbeobi eopseulkkayo

Do you have any suggestions?
두 유 해버니 써제스천스

✈ 어떻게 하면 좋을까요?
eotteoke hamyeon joeulkkayo

What should I do?
왓 슈다이 두

✈ 화장실은 어디죠?
hwajangsireun eodijyo

Where's the rest room?
웨어즈 더 레슷 룸

✈ 어떻게 해 주십시오.
eotteoke hae jusipsio

Do something about this.
두 썸씽 어바웃 디스

상황이 위급할 때

✈ 무엇을 원하세요?
mueoseul wonhaseyo

What do you want?
왓 두 유 원

✈ 알겠습니다. 다치게만 하지 마세요.
algetseumnida. dachigeman haji maseyo

Okay. Don't hurt me.
오케이 돈 헛 미

✈ 시키는 대로 할게요.
sikineun daero halgeyo

Whatever you say.
와래버 유 쎄이

✈ 누구야?
nuguya

Who are you?
후 아 유

✈ 가진 돈이 없어요!
gajin doni eopseoyo

I don't have any money.
아이 돈 해브 애니 머니

✈ 잠깐! 뭘 하는 겁니까?
jamkkan! mwol haneun geomnikka

Hey! What are you doing?
헤이! 와라유 두잉

그만두세요.
geumanduseyo

Stop it!
스타핏

잠깐! 뭐하는 겁니까?
jamkkan! mwohaneun geomnikka

Hey! What are you doing?
헤이! 워라유 두잉

만지지 마세요!
manjiji maseyo

Don't touch me!
돈 터취 미

저리 가! *그냥 좀 내버려 두세요.
jeori ga

Leave me alone!
리브 미 얼론

다가서지 마세요.
dagaseoji maseyo

Stay away from me!
스테이 어웨이 후럼 미

경찰을 부르겠다!
gyeongchareul bureugetda

I'll call the police!
아일 콜 더 폴리스

UNIT 03

분실·도난을 당했을 때

여권이나 귀중품을 분실하거나 도난을 당했다면 먼저 호텔의 경비담당이나 경찰에 신고를 하고 도난증명서를 발급받습니다. 이것은 재발행을 신청하거나 보험을 청구할 때 필요하기 때문입니다. 여권의 발행 연월일, 번호, 발행지 등을 수첩에 메모해두고 예비사진 2장도 준비해두는 것이 만약의 경우에 도움이 됩니다.

내 ______________ 을(를) 도난당했습니다.
nae eul(reul) donandanghaetseumnida

My ______________ was stolen.
마이 워즈 스톨런

□ 여권	yeogwon	passport	패스폿
□ 신용카드	sinyongkadeu	credit card	크레딧 카드
□ 여행자수표	yeohaengjasupyo	traveler's check	트레벌러즈 첵
□ 지갑	jigap	wallet	왈릿

Q : 버스에 물건을 놓고 내렸습니다.
beoseue mulgeoneul noko naeryeotseumnida
I left something on the bus.
아이 렙트 썸씽 온 더 버스

A : 어떤 물건입니까?
eotteon mulgeonimnikka
What is it?
와리즈 잇

분실했을 때

✈ 분실물 취급소는 어디에 있습니까?
bunsilmul chwigeupsoneun eodie itseumnikka

Where is the lost and found?
웨어리즈 더 로슷 앤 화운드

✈ 무엇을 잃어버렸습니까?
mueoseul ireobeoryeotseumnikka

What did you lose?
왓 디쥬 루즈

✈ 여권을 잃어버렸습니다.
yeogwoneul ireobeoryeotseumnida

I lost my passport.
아이 로슷 마이 패스폿

✈ 열차 안에 지갑을 두고 내렸습니다.
yeolcha ane jigabeul dugo naeryeotseumnida

I left my wallet on the train.
아이 랩트 마이 왈릿 온 더 트레인

✈ 여기서 카메라 못 보셨어요?
yeogiseo kamera mot bosyeosseoyo

Did you see a camera here?
디쥬 씨 어 캐머러 히어

✈ 어디서 잃어버렸는지 기억이 안 납니다.
eodiseo ireobeoryeonneunji gieogi an namnida

I'm not sure where I lost it.
아임 낫 슈어 웨어라이 로스팃

도난당했을 때

✈ 멈춰! 도둑이야!
meomchwo! dodugiya

Stop! Thief!
스탑! 씨흐

✈ 내놔! *돌려줘!
naenwa

Give it back to me!
기빗 백 투 미

✈ 저놈이 내 가방을 뺏어갔어요!
jeonomi nae gabangeul ppaesseogasseoyo

He took my bag!
히 툭 마이 백

✈ 지갑을 도둑맞았어요!
jigabeul dodungmajasseoyo

I had my wallet stolen!
아이 햇 마이 왈릿 스톨런

✈ 지갑을 소매치기당했어요!
jigabeul somaechigidanghaesseoyo

My wallet was taken by a pickpocket.
마이 왈릿 워즈 테이컨 바이 어 픽파킷

✈ 방에 도둑이 들어왔습니다.
bange dodugi deureowatseumnida

A burglar broke into my room.
어 버글러 브록 인투 마이 룸

경찰서에서

✈ 경찰서는 어디에 있습니까?
gyeongchalseoneun eodie itseumnikka

Where's the police station?
웨어즈 더 폴리스테이션

✈ 경찰에 신고해 주시겠어요?
gyeongchare singohae jusigesseoyo

Will you report it to the police?
윌 유 리포팃 투 더 폴리스

✈ 누구에게 알리면 됩니까?
nuguege allimyeon doemnikka

Who should I inform to?
후 슈다이 인훰 투

✈ 얼굴은 봤나요?
eolgureun bwannayo

Did you see his face?
디쥬 씨 히즈 훼이스

✈ 경찰에 도난신고서를 내고 싶은데요.
gyeongchare donansingoseoreul naego sipeundeyo

I'd like to report the theft to the police.
아이드 라잌 투 리풋 더 쎄흐트 투 더 펄리스

✈ 찾으면 한국으로 보내주시겠어요?
chajeumyeon hangugeuro bonaejusigesseoyo

Could you please send it to Korea when you find it?
쿠쥬 플리즈 샌딧 투 코리어 웬 유 화이닛

UNIT 04

사고를 당했을 때

사고가 일어나면 먼저 경찰에게 알립니다. 그리고 보험회사, 렌터카 회사에 연락을 취합니다. 당사자인 경우에는 먼저 I'm sorry.라고 말하면 잘못을 인정하는 꼴이 되어버립니다. 만일을 위해 해외여행 상해보험은 반드시 들어 둡시다. 보험 청구를 위해서는 사고증명서를 반드시 받아두어야 합니다.

__________ 을(를) 불러 주세요.
eul(reul) bulleo juseyo

Please call __________ .
플리즈 콜

- □ 경찰 gyeongchal the police 더 폴리스
- □ 구급차 gugeupcha an ambulance 언 앰뷸런스
- □ 의사 uisa a doctor 어 닥터
- □ 안내인 annaein a guide 어 가이드

Q : 교통사고를 당했습니다.
gyotongsagoreul danghaetseumnida
I was in a car accident.
아이 워진 어 카 액시던

A : 어디서 말입니까?
eodiseo marimnikka
Where did it happen?
웨어 디딧 해픈

교통사고를 당했을 때

✈ 큰일 났습니다.
keunil natseumnida

It's an emergency.
잇츠 언 이머전시

✈ 교통사고를 당했습니다.
gyotongsagoreul danghaetseumnida

I was in a car accident.
아이 워즈 이너 카 액시던

✈ 친구가 차에 치었습니다.
chinguga chae chieotseumnida

My friend was hit by a car.
마이 흐렌드 워즈 힛 바이 어 카

✈ 구급차를 불러 주세요.
gugeupchareul bulleo juseyo

Please call an ambulance!
플리즈 콜 언 앰뷸런스

✈ 다친 사람이 있습니다.
dachin sarami itseumnida

There is an injured person here.
데어리즈 언 인줘드 퍼슨 히어

✈ 저를 병원으로 데려가 주시겠어요?
jeoreul byeongwoneuro deryeoga jusigesseoyo

Could you take me to a hospital?
쿠쥬 테익 미 투 어 하스피럴

교통사고를 내거나 교통위반을 했을 때

✈ 사고를 냈습니다.
sagoreul naetseumnida

I've had an accident.
아이브 해던 액시던

✈ 보험을 들었습니까?
boheomeul deureotseumnikka

Are you insured?
아 유 인슈어드

✈ 속도위반입니다.
sokdowibanimnida

You were speeding.
유 워 스피딩

✈ 제한속도로 달렸는데요.
jehansokdoro dallyeonneundeyo

I was driving within the speed limit.
아이 워즈 드라이빙 위딘 더 스피드 리밋

✈ 렌터카 회사로 연락해 주시겠어요?
renteoka hoesaro yeollakae jusigesseoyo

Would you contact the car rental company?
우쥬 칸택 더 카 렌틀 컴퍼니

✈ 사고증명서를 써 주시겠어요?
sagojeungmyeongseoreul sseo jusigesseoyo

Will I get a police report?
윌 아이 게러 펄리스 리풋

사고경위를 진술할 때

✈ 도로표지판의 뜻을 몰랐습니다.
doropyojipanui tteuseul mollatseumnida

I didn't know what that sign said.
아이 디든 노우 왓 댓 사인 쎄드

✈ 제 책임이 아닙니다.
je chaegimi animnida

I'm not responsible for it.
아임 낫 리스판서블 훠릿

✈ 상황이 잘 기억나지 않습니다.
sanghwangi jal gieongnaji anseumnida

I don't remember what happened.
아이 돈 리멤버 와래픈드

✈ 신호를 무시했습니다.
sinhoreul musihaetseumnida

I ignored a signal.
아이 이그노어더 시그널

✈ 저야말로 피해자입니다.
jeoyamallo pihaejaimnida

I'm the victim.
아임 더 뷕팀

✈ 여행을 계속해도 되겠습니까?
yeohaengeul gyesokaedo doegetseumnikka

Can I continue on my way?
캔 아이 컨티뉴 온 마이 웨이

소매치기야!
Pickpocket!
픽포켓
도와줘요!
Help!
헬프
날치기다!
Thief!
시-흐
잡아라!
Catch him!
캐취 힘
빨리 경찰을 불러주세요!
Call the police! Hurry!
콜 더 펄리스! 허리

눈에 뭐가 들어갔어요.
I have something in my eye.
아이 해브 썸씽 인 마이 아이
머리가 아파요.
I have a headache.
아이 해버 해데익
귀가 아파요.
I have an earache.
아이 해번 이어에익
이가 아파요.
I have a toothache.
아이 해버 투쓰에익
목이 아파요.
I have a sore throat.
아이 해버 소어 쓰로웃
콧물이 나와요.
I have a runny nose.
아이 해버 러니 노우즈
배가 아파요.
I have a stomachache.
아이 해버 스터먹에익
손을 데었어요.
I burned my hand.
아이 번드 마이 핸드
다리가 골절됐어요.
I broke my leg.
아이 브로욱 마이 렉
발목을 삐었어요.
I sprained my ankle.
아이 스프레인드 마이 앵클

UNIT 05

몸이 아플 때

여행 중에 몸이 아프면 먼저 묵고 있는 호텔의 프런트에 연락을 취하고 호텔 닥터나 호텔의 지정 의사를 소개받습니다. 호텔 이외의 장소에서 몸이 아픈 경우에는 구급차를 부르게 되는데, 미국 등에서는 유료입니다. 의료비도 비싸므로 출발 전에 해외여행 상해보험에 가입해둡시다. 보험 청구를 위해 치료비의 영수증은 받아두도록 합시다.

(통증을 말할 때) ________ 니다.
nida

I have a ________ .
아이 해버

□ 머리가 아픕	meoriga apeup	headache	헤데익
□ 배가 아픕	baega apeup	stomachache	스터먹에익
□ 목이 아픕	mogi apeup	sore throat	쏘어 쓰로웃
□ 이가 아픕	iga apeup	toothache	투쎄익

Q : 어디가 아프십니까?
eodiga apeusimnikka
Where does it hurt?
웨어 더짓 헛

A : 여기가 아픕니다.
yeogiga apeumnida
Right here.
롸잇 히어

병원에 갈 때

✈ 의사를 불러 주세요.
uisareul bulleo juseyo

Please call a doctor.
플리즈 콜 어 닥터

✈ 의사에게 진찰을 받고 싶은데요.
uisaege jinchareul batgo sipeundeyo

I'm here for a doctor's examination.
아임 히어 훠러 닥터스 익재머네이션

✈ 병원으로 데리고 가 주시겠어요?
byeongwoneuro derigo ga jusigesseoyo

Could you take me to a hospital?
쿠쥬 테익 미 투 어 하스피럴

✈ 진료 예약은 필요합니까?
jillyo yeyageun piryohamnikka

Do I need an appointment to see a doctor?
두 아이 니던 어포인먼 투 씨 어 닥터

✈ 진료 예약을 하고 싶은데요.
jillyo yeyageul hago sipeundeyo.

Can I make an appointment?
캔 아이 메이컨 어포인먼

✈ 한국어를 아는 의사는 있나요?
yeongeoreul aneun uisaneun innayo

Is there a Korean-speaking doctor?
이즈 데어러 코리언-스피킹 닥터

몸에 이상이 있을 때

✈ 몸이 안 좋습니다.
momi an joseumnida

I don't feel well.
아이 돈 휠 웰

✈ 아이 상태가 이상합니다.
ai sangtaega isanghamnida

Something's wrong with my child.
썸씽스 롱 윗 마이 촤일드

✈ 몸이 나른합니다.
momi nareunhamnida

I feel weak.
아이 휠 윅

✈ 현기증이 납니다.
hyeongijeungi namnida

I feel dizzy.
아이 휠 디지

✈ 식욕이 없습니다.
sigyogi eopseumnida

I don't have an appetite.
아이 돈 해번 애피타잇

✈ 구역질이 납니다.
guyeokjiri namnida.

I feel nauseated
아이 휠 너지에이티드

증상을 설명할 때

✈ 감기에 걸렸습니다.
gamgie geollyeotseumnida

I have a cold.
아이 해버 콜드

✈ 감기에 걸린 것 같습니다.
gamgie geollin geot gatseumnida

I think I have a cold.
아이 씽카이 해버 콜드

✈ 설사가 심합니다.
seolsaga simhamnida

I have bad diarrhea.
아이 해브 뱃 다이어리어

✈ 열이 있습니다.
yeori itseumnida

I have a fever.
아이 해버 휘버

✈ 이건 한국 의사가 쓴 것입니다.
igeon hanguk uisaga sseun geosimnida

This is from my doctor in Korea.
디씨즈 흐럼 마이 닥터 인 코리어

✈ 여기가 아픕니다.
yeogiga apeumnida

I have a pain here.
아이 해버 페인 히어

✈ 잠이 오지 않습니다.
jami oji anseumnida

I can't sleep.
아이 캔 슬립

✈ 구토를 합니다.
gutoreul hamnida

I feel nauseous.
아이 휠 너셔스

✈ 변비가 있습니다.
byeonbiga itseumnida

I am constipated.
아임 칸스터페이팃

✈ 기침이 납니다.
gichimi namnida

I have a cough.
아이 해버 커흐

✈ 어제부터입니다.
eojebuteoimnida

Since yesterday.
씬스 예스터데이

✈ 다쳤습니다.
dacheotseumnida

I've injured myself.
아이브 인쥬어드 마이셀프

진료를 마치면서

✈ 많이 좋아졌습니다.
mani joajeotseumnida

I feel much better now.
아이 휠 머치 배러 나우

✈ 진단서를 써 주시겠어요?
jindanseoreul sseo jusigesseoyo

Would you give me a medical certificate?
우쥬 기브 미 어 메디컬 써티휘킷

✈ 며칠 정도 안정이 필요합니까?
myeochil jeongdo anjeongi piryohamnikka

How long do I have to stay in bed?
하우 롱 두 아이 해브 투 스테이 인 배드

✈ 예정대로 여행을 해도 괜찮겠습니까?
yejeongdaero yeohaengeul haedo gwaenchanketseumnikka

Can I travel as scheduled?
캔 아이 트래벌 애즈 스케쥴드

✈ (약국에서) 이 처방전 약을 주세요.
i cheobangjeon yageul juseyo.

Fill this prescription, please.
휠 디스 프리스크립션, 플리즈.

✈ 이 약은 어떻게 먹습니까?
i yageun eotteoke meokseumnikka

How do I take this medicine?
하우 두 아이 테익 디스 메더슨

흔히 볼 수 있는 약어		
Sun.	Sunday	일요일
Mon.	Monday	월요일
Tues./Tu.	Tuesday	화요일
Wed	Wednesday	수요일
Thur./Thurs.	Thursday	목요일
Fri.	Friday	금요일
Sat.	Saturday	토요일
Jan.	January	1월
Feb.	February	2월
Mar.	March	3월
Apr.	April	4월
–	May	5월
Jun.	June	6월
Jul.	July	7월
Aug.	August	8월
Sep./Sept	September	9월
Oct.	October	10월
Nov.	November	11월
Dec.	December	12월
add.	address	주소
Co	Company	회사
Dr.	Doctor	의사, 박사
LK	Lake	호수
Mt.	Mount	산
Sig./sig.	signature	서명

귀 국

Unit 01 예약 변경 · 재확인
Unit 02 탑승과 출국

귀국에 관한 정보

짐 정리

출발하기 전에 맡길 짐과 기내로 갖고 들어갈 짐을 나누어 꾸리고 토산품과 구입한 물건의 품명과 금액 등에 대한 목록을 만들어 두면 좋다.

예약 재확인

귀국할 날이 정해지면 미리 좌석을 예약해두어야 한다. 또 예약을 해두었을 경우에는 출발 예정 시간의 72시간 이전에 예약 재확인을 해야 한다. 이것은 항공사의 사무소나 공항 카운터에 가든지 아니면 전화로 이름, 연락 전화번호, 편명, 행선지를 말하면 된다. 재확인을 안 하면 예약이 취소되는 경우도 있으므로 주의해야 한다.

체크인

귀국 당일은 출발 2시간 전까지 공항에 미리 나가서 체크인을 마쳐야 한다. 출국절차는 매우 간단하다. 터미널 항공사 카운터에 가서 여권, 항공권, 출입국카드(입국시 여권에 붙여 놓았던 것)를 제시하면 직원이 출국카드를 떼어 내고 비행기의 탑승권을 준다. 동시에 화물편으로 맡길 짐도 체크인하면 화물 인환증을 함께 주므로 잘 보관해야 한다. 항공권에 공항세가 포함되지 않았을 경우에는 출국 공항세를 지불해야 하는 곳도 있다. 그 뒤는 보안검사, 수화물 X선 검사를 받고 탑승권에 지정되어 있는 탑승구로 가면 된다. 면세품을 사려면 출발 로비의 면세점에서 탑승권을 제시하고 사면 된다.

인천국제공항 입국 안내

도착 여객은 기내에서 배부해 주는 검역 설문지를 작성한다. 도착 중간층인 지상 2층에 위치한 도착 복도를 지나 검역(동·식물 검역 포함)을 받은 후, 내국인은 내국인 전용, 외국인은 외국인 전용 입국심사 데스크를 이용하여 입국심사(여권, 입국신고서, 항공권 제출)를 한다. 도착보안검색의 절차를 거쳐 10개의 수직코아를 이용해 도착 층인 지상 1층의 수하물 수취지역으로 이동하여 수하물을 찾은 후, 세관검사를 거쳐 환영홀로 나가게 된다.

귀국 시 면세 허용

○ 면세통로

- 해외나 국내 면세점에서 구입하여 반입하는 물품 총액이 800달러 이하
- 주류 2병(합산 2리터 이하, 400달러 이하), 담배 200개비 ; 만 19세 미만은 제외
- 향수 60ml 이하

○ 신고 검사대

- 면세통과 해당 이외의 물품을 소지한 자
- 통관불허 품목
  - 유해 의약품, 가공처리가 되지 않은 식품
  - 무기류 및 유사제품 등등

UNIT 01

예약 변경·재확인

귀국하는 날짜가 다가오면 비행기 예약을 합니다. 한국에서 떠날 때 예약해 둔 경우에는 미리 전화나 시내의 항공회사 영업소에서 반드시 예약 재확인(reconfirm)을 해두어야 합니다. 공항에는 여유를 가지고 출발 2시간 전에 도착하는 것이 좋습니다.

___ 편으로 변경하고 싶은데요.
pyeoneuro byeongyeonghago sipeundeyo

I'd like to change it to ___ flight.
아이드 라익 투 췌인짓 투 플라잇

□ 오전	ojeon	morning	모닝
□ 오후	ohu	afternoon	앱터눈
□ 내일	naeil	tomorrow	터머로우
□ 10월 9일	siwol guil	October 9th	악토버 나인스

Q : 예약 재확인을 부탁합니다.
yeyak jaehwagineul butakamnida
I would like to make a reconfirmation for my flight.
아이 웃 라익 투 메이커 리칸훠메이션 훠 마이 흘라잇

A : 항공권은 가지고 계십니까?
hanggonggwoneun gajigo gyesimnikka
Do you have a ticket?
두 유 해버 티킷

✈ 여보세요. 유나이티드 항공입니까?
yeoboseyo. unaitideuhanggongimnikka

Hello. Is this United Airlines?
헬로우. 이즈 디스 유나이텃 에어라인스

✈ 인천행을 예약하고 싶은데요.
incheonhaengeul yeyakago sipeundeyo

I'd like to reserve a seat for Incheon.
아이드 라잌 투 리저버 씻 훠 인천

✈ 내일 비행기는 예약이 됩니까?
naeil bihaenggineun yeyagi doemnikka

Can you book us on tomorrow's flight?
캔 유 부커스 온 터머로우즈 흘라잇

✈ 다른 비행기는 없습니까?
dareun bihaenggineun eopseumnikka

Do you have any other flights?
두 유 해버니 아더 흘라잇츠

✈ 편명과 출발 시간을 알려 주십시오.
pyeonmyeonggwa chulbal siganeul allyeo jusipsio

What is the flight number and departure time?
와리즈 더 흘라잇 넘버 앤 디파춰 타임

✈ 몇 시까지 탑승수속을 하면 됩니까?
myeot sikkaji tapseungsusogeul hamyeon doemnikka

By what time should we check in?
바이 왓 타임 슈드 위 체킨

예약 재확인

✈ 예약을 재확인하고 싶은데요.
yeyageul jaehwaginhago sipeundeyo

I'd like to reconfirm my flight.
아이드 라잌 투 리컨훰 마이 흘라잇

✈ 성함과 편명을 말씀하십시오.
seonghamgwa pyeonmyeongeul malsseumhasipsio

Your name and flight number, please.
유어 네임 앤 흘라잇 넘버, 플리즈

✈ 무슨 편 몇 시발입니까?
museun pyeon myeot sibarimnikka

What's the flight number and the departure time?
왓츠 더 흘라잇 넘버 앤 더 디파춰 타임

✈ 분명히 예약했는데요.
bunmyeonghi yeyakaenneundeyo

I definitely made a reservation.
아이 데휘니틀리 메이더 레저붸이션

✈ 한국에서 예약했는데요.
hangugeseo yeyakaenneundeyo

I reserved my flight in Korea.
아이 리저브드 마이 흘라잇 인 코리아

✈ 즉시 확인해 주십시오.
jeuksi hwaginhae jusipsio

Please check on it right away.
플리즈 체커닛 롸잇 어웨이

예약의 변경과 취소

✈ **비행편을 변경할 수 있습니까?**
bihaengpyeoneul byeongyeonghal su itseumnikka

Can I change my flight?
캔 아이 췌인지 마이 흘라잇

✈ **어떻게 변경하고 싶습니까?**
eotteoke byeongyeonghago sipseumnikka

How do you want to change your flight?
하우 두 유 원 투 체인쥐 유어 흘라잇

✈ **10월 9일로 변경하고 싶습니다.**
siwol guillo byeongyeonghago sipseumnida

I'd like to change it to October 9th(ninth).
아이드 라잌 투 췌인짓 투 악토버 나인스

✈ **예약을 취소하고 싶은데요.**
yeyageul chwisohago sipeundeyo

I'd like to cancel my reservation.
아이드 라잌 투 캔슬 마이 레저붸이션

✈ **다른 항공사 비행기를 확인해 주세요.**
dareun hanggongsa bihaenggireul hwaginhae juseyo

Please check other airlines.
플리즈 첵 아더 에어라인스

✈ **해약 대기로 부탁할 수 있습니까?**
haeyak daegiro butakal su itseumnikka

Can you put me on the waiting list?
캔 유 풋 미 온 더 웨이팅 리슷

UNIT 02

탑승과 출국

공항에서는 2시간 전에 체크인하는 것이 바람직합니다. 만일 문제가 발생한다 해도 여유를 가지고 대처할 수 있습니다. 또한 짐이 늘어난 경우에는 초과요금을 지불해야 합니다. 가능하면 초과되지 않는 범위 내에서 짐을 기내로 가지고 갑니다. 시간적 여유가 있을 때 사지 못한 선물이 있다면 면세점에서 구입하면 됩니다.

(공항에서) ____________ 는 어디입니까?
neun eodiimnikka

Where is the ____________ ?
웨어리즈 더

- □ 대한항공 카운터 — Korean Air counter 코리언 에어 카운터
- □ 아시아나항공 카운터 — Asiana Airline counter 애이쥐애너 에어라인즈 카운터
- □ 출발로비 chulballobi — departure lobby 디파춰 라비
- □ 탑승구 tapseunggu — boarding gate 보딩 게잇

Q : 탑승권을 보여 주십시오.
tapseunggwoneul boyeo jusipsio
May I have your ticket?
메아이 해뷰어 티킷

A : 네, 여기 있습니다.
ne, yeogi itseumnida
Yes, here it is.
예스, 히어리디즈

공항으로 갈 때

✈ 공항까지 가 주세요.
gonghangkkaji ga juseyo

Take me to the airport, please.
테익 미 투 더 에어폿, 플리즈

✈ 짐은 몇 개입니까?
jimeun myeot gaeimnikka

How many pieces of baggage?
하우 메니 피시즈업 배기쥐

✈ 공항까지 어느 정도 걸립니까?
gonghangkkaji eoneu jeongdo geollimnikka

How long will it take to get to the airport?
하우 롱 윌릿 테익 투 겟 투 디 에어폿

✈ 공항까지 대략 얼마 나옵니까?
gonghangkkaji daeryak eolma naomnikka

What is the approximate fare to the airport?
와리즈 더 어프락써메잇 페어 투 디 에어폿

✈ 빨리 가 주세요. 지금 늦었습니다.
ppalli ga juseyo. jigeum neujeotseumnida

Please hurry. I'm late, I am afraid.
플리즈 허리 아임 레잇, 아이 엠 어프레잇

✈ 어느 항공사입니까?
eoneu hanggongsaimnikka

Which airlines?
휘치 에어라인즈?

물건을 두고 출발했을 때

✈ 기사님, 호텔로 다시 가 주시겠어요?
gisanim, hotello dasi ga jusigesseoyo

Driver, would you go back to the hotel?
드라이버, 우쥬 고 백 투 더 호텔

✈ 카메라를 호텔에 두고 왔습니다.
kamerareul hotere dugo watseumnida

I left my camera in the hotel.
아이 랩트 마이 캐머러 인 더 호텔

✈ 중요한 것을 두고 왔습니다.
jungyohan geoseul dugo watseumnida

I left something very important there.
아이 랩트 썸씽 붸리 임포턴 데어

✈ 어디에 두었는지 기억합니까?
eodie dueonneunji gieokamnikka?

Do you remember where you left it?
두 유 리멤버 웨어류 랩팃

✈ 서랍에 넣어 두었습니다.
seorabe neoeo dueotseumnida

I put it in the drawer.
아이 푸릿 인 더 드로어

✈ 호텔에 전화를 해야겠군요.
hotere jeonhwareul haeyagetgunyo

You should call the hotel.
유 슛 콜 더 호텔

탑승수속을 할 때

✈ 탑승수속은 어디서 합니까?
tapseungsusogeun eodiseo hamnikka
Where do I check in?
웨어 두 아이 첵인

✈ 대한항공 카운터는 어디입니까?
daehanhanggong kaunteoneun eodiimnikka
Where's the Korean Air counter?
웨어즈 더 코리언 에어 카운터

✈ 공항세는 있습니까?
gonghangseneun itseumnikka
Is there an airport tax?
이즈 데어런 에어폿 택스

✈ 앞쪽 자리가 좋겠는데요.
apjjok jariga jokenneundeyo
I'd prefer a seat at the front of the plane.
아이드 프리훠러 씻 앳 더 흐런텁 더 플레인

✈ 통로석(창가석)으로 주세요.
tongnoseok(changgaseok)euro juseyo
An aisle seat(A window seat), please.
언 아일 씻(어 윈도우 씻), 플리즈

✈ 친구와 같은 좌석으로 주세요.
chinguwa gateun jwaseogeuro juseyo
I'd like to sit with my friend.
아이드 라잌 투 싯 위드 마이 프렌드

수화물을 체크할 때

맡기실 짐은 있으십니까?
matgisil jimeun isseusimnikka

Any baggage to check?
애니 배기쥐 투 첵

맡길 짐은 없습니다.
matgil jimeun eopseumnida

I have no baggage to check.
아이 해브 노 배기쥐 투 첵

그 가방은 맡기시겠습니까?
geu gabangeun matgisigetseumnikka

Are you going to check that bag?
아 유 고잉 투 첵 댓 백

이 가방은 기내로 가지고 들어갑니다.
i gabangeun ginaero gajigo deureogamnida

This is a carry-on bag.
디씨저 캐리온 백

다른 맡기실 짐은 없습니까?
dareun matgisil jimeun eopseumnikka

Do you have any other baggage to check?
두 유 해버니 어더 배기쥐 투 첵

(짐은) 그것뿐입니다.
geugeotppunimnida

That's all the baggage I have.
댓츠 올 더 배기쥐 아이 해브

탑승 안내

✈ (탑승권을 보이며) 몇 번 게이트입니까?
myeot beon geiteuimnikka

What gate is it?
왓 게잇 이짓

✈ 3번 게이트는 어느 쪽입니까?
sambeon geiteuneun eoneu jjogimnikka

Which way is Gate 3(three)?
위치 웨이즈 게잇 쓰리

✈ 인천행 탑승 게이트는 여기입니까?
incheonhaeng tapseung geiteuneun yeogiimnikka

Is this the gate for Incheon?
이즈 디스 더 게잇 훠 인천

✈ 왜 출발이 늦는 겁니까?
wae chulbari neunneun geomnikka

Why is the flight delayed?
와이 이즈 더 흘라잇 딜레잇

✈ 탑승은 시작되었습니까?
tapseungeun sijakdoeeotseumnikka

Has boarding started yet?
해즈 보딩 스타팃 옛

✈ 방금 인천행 비행기를 놓쳤는데요.
banggeum incheonhaeng bihaenggireul notcheonneundeyo

We just missed the flight to Incheon.
위 저슷 미슷 더 흘라잇 투 인천

공항면세점에서

✈ 면세점은 어디에 있습니까?
myeonsejeomeun eodie itseumnikka

Where is the duty-free shop?
웨어리즈 더 듀티-흐리 샵

✈ 면세로 살 수 있나요?
myeonsero sal su innayo

Can I get it tax-free?
캔 아이 게릿 텍스-흐리

✈ 시바스리갈 3병 주세요.
sibaseurigal se byeong juseyo

I'd like three Chivas Regal.
아이드 라익 쓰리 시바스 리갈

✈ 탑승권을 보여 주십시오.
tapseunggwoneul boyeo jusipsio

Show me your boarding card, please.
쇼우 미 유어 보딩 카드, 플리즈

✈ 한국 돈도 받나요?
hanguk dondo bannayo

Is it possible to pay in Korean won?
이짓 파써블 투 페이 인 코리언 원

✈ 여기서 수취할 수 있나요?
yeogiseo suchwihal su innayo

Can I get this here?
캔 아이 겟 디쓰 히어

귀국 비행기 안에서

입국신고서는 가지고 계십니까?
ipguksingoseoneun gajigo gyesimnikka

Do you have an immigration card?
두 유 해번 이머그레이션 카드

이것이 세관신고서입니다.
igeosi segwansingoseoimnida

This is the customs declaration form.
디씨즈 더 커스텀즈 데클러레이션 훰

입국카드 작성법을 잘 모르겠습니다.
ipgukkadeu jakseongbeobeul jal moreugetseumnida

I'm not sure how to fill out the immigration card.
아임 낫 슈어 하우 투 필 아웃 디 이머그레이션 카드

입국카드 작성법을 가르쳐 주시겠어요?
ipgukkadeu jakseongbeobeul gareucheo jusigesseoyo

Could you explain how to fill out the immigration card to me?
쿠쥬 익스플레인 하우 투 필 아웃 디 이머그레이션 카드 투 미

인천에는 언제 도착합니까?
incheoneneun eonje dochakamnikka

When do we land in Incheon?
웬 두 위 랜드 인 인천

제 시간에 도착합니까?
je sigane dochakamnikka

Are we arriving on time?
아위 어라이빙 온 타임

무조건 따라하면 통하는

일상생활 영어 회화 급상승

배현 저 | 148*210mm | 328쪽
15,000원(mp3 파일 무료 제공)

즉석에서 가장 많이 활용하는

프리토킹 영어회화 완전정복

이원준 엮음 | 170*233mm | 448쪽
18,000원(mp3 파일 무료 제공)

프랭크쌤과 주4회, 2개월이면 왕초보영어 탈출!

기적의 영어회화 스타트 32

류의열 저/에릭 브라이언 엘키 감수
188*258mm | 본책 392쪽
17,000원(MP3파일 무료 제공
+동영상 강의 유료 제공)

여행자 필수메모

성 명 Name	
생년월일 Date of Birth	
국 적 Nationality	
호 텔 Hotel	
여권번호 Passport No.	
비자번호 Visa No.	
항공기편명 Flight Name	
항공권번호 Air Ticket No.	
신용카드번호 Credit Card No.	
여행자수표번호 Traveler's Check No.	
출발지 Departed from	
목적지 Destination	